云水悠悠

白云禅师 著

生活·讀書·新知 三联书店

图书在版编目（CIP）数据

云水悠悠/白云禅师著. —北京：生活·读书·新知三联书店，2017.4

ISBN 978-7-108-05251-3

Ⅰ．①云… Ⅱ．①自… Ⅲ．①白云禅师（1915 2011）-白传

Ⅳ．① B949.92

中国版本图书馆 CIP 数据核字（2015）第 026069 号

策划编辑　刘　靖
特约编辑　柯祥河
责任编辑　颜　筝
装帧设计　康　健
责任印制　宋　家　卢　岳
出版发行　生活·讀書·新知 三联书店
　　　　　（北京市东城区美术馆东街 22 号 100010）
网　　址　www.sdxjpc.com
经　　销　新华书店
印　　刷　北京隆昌伟业印刷有限公司
版　　次　2017 年 4 月北京第 1 版
　　　　　2017 年 4 月北京第 1 次印刷
开　　本　635 毫米×965 毫米　1/16　印张 16.5
字　　数　200 千字
印　　数　0,001-4,000 册
定　　价　39.00 元
（印装查询：01064002715；邮购查询：01084010542）

目录

第一部

山川之旅

桃江的初夏最美，翠绿的流水，青黛的群山，在蓝天白云下，把浮丘山点缀得有如百美献舞；高耸的碧云峰，像是巍然屹立的王者，在愉快地享受这份"唯我独尊"的权利，几乎忘了这个世间的苦难。

　　时正中午，峰顶的雷音寺，此刻正钟鼓齐鸣，鱼磬价响，庄严的梵呗声，透越殿宇，直冲云霄；殿中央，胡跪着一个年约七岁的小男孩，身着玄色海青，麻与碎布编制的多耳鞋，鞋底洁净无污；站在他面前的是一位瘦高的老和尚，身穿黄色海青，红色袈裟。这时，他的右手正拿一把剪刀，左手握住小男孩的发辫，毅然地把一撮长发拦腰剪下；然后由一位中年比丘，捧一盆热腾的皂角水，把小男孩的头发洗濯涤净，再由老和尚拿起剃头刀，很谨慎地用密印加持了一番，才把刀口平置在小男孩的头顶间，说道：

　　"第一刀，断除一切恶！"说完，把头发剃了下来，然后将刀移向左边说：

　　"第二刀，誓修一切善！"说完，把头发同样剃下来，然后把刀移向右边说：

　　"第三刀，愿度一切众！"

说完，照样把头发剃下来，然后很快地挥刀剃发，不一阵工夫，小男孩的一头青丝，剃得一根不剩，光秃秃，白嫩嫩的。

此刻，排列两旁的比丘僧，正在高唱着：

"金刀剃下娘生发，法王座下又添孙……"

原来寺院里正在举行庄严隆重的剃度仪式，当仪式进行完毕，老和尚慈目微垂，站在殿中央，对面前围绕着的两百多位观礼的僧俗，以他洪亮的声音，缓缓地说道：

"各位大德！今天是四月初四日文殊菩萨的诞辰纪念，值此吉日良辰，山僧为此子剃染出家，诚然是一大事殊胜因缘，将为我佛座下增添一善根佛子，为我临济宗下参入一份力量；尤其，我天岳门下至山僧迄今三代单传，度此子而承法统，可以说是一份重责大任，如行危岩，如履薄冰，稍一不慎，则必灭香绝火，从此宗下除名，派下断号；是以，法统名派，全赖此子了！"

老和尚说到这里，启目环视，然后沉重地说：

"在场缁素，有的是为长者，有的是为同参，有的是为晚辈，不论如何，山僧希望大家同心护持，使此子能成为我佛座下一名法将，则各位的功德，必定是无量无边的！"

老和尚说完，由一些身份较高的僧俗相接开示和祝颂，气氛流露出欢乐、期待、祝福……的确是禅悦法喜，慈悲无量。

夜色有点凉意，一轮淡淡的娥眉月，悬挂在稀落的星群间，深蓝的长空，偶尔划过一道流星，把空际拖得更深邃了；微拂的晚风，挟着薄薄的蒙雾，慢慢地卷向山来；渐渐漫布了整个浮丘山，而至整个山的诸峰，而至最高的碧云主峰，而至整个夜空——终于星月失色，一片迷茫把世界包裹住，宛若变成了一个无限大的棉花团。

　　无边的蒙雾里，在雷音寺的西北角，那片名叫狮头岩的巨岩上，此刻正盘坐着一位瘦削的老和尚。他，正是白天为那小男孩剃度的住持和尚。

　　夜色虽然迷茫，令人分不清景物，但是老和尚的脸上，浮起的一抹惬意的微笑，像一抹阳光，显得格外明朗。此刻，但见他那双明亮而慈祥的眼睛，向遥远的群山凝视那蒙蒙的雾景，像是沉浸于一个遥远的梦里。

　　老和尚的思维一直在起伏着，从他那不时生起变化的面部表情，便可以得到有力的证明。可不么？今天他完成了八年来的心愿，不！应该是更久远一些，自从他继承了恩师月季老禅师的法统以来，至今已经是三十个年头了；三十年来，一直许下的一个心愿：

　　"此生中将寻找一个不亚于自己的弟子，宁愿冒着三代单传的危险，也不违背师门的家训，去做个滥竽充数的罪人！"八年前，在心愿的三十个寒暑里，终于他得到了一个机会，一个可遇不可求的机会：八年前，当他返回北国的文化城——北京省亲时，顺道探望曾经共读十年寒窗的学友，竟然不经意地结下了今天这个善缘。

　　他清晰地记得，那是九月的重阳日，沙井胡同的一座深院里，客厅中坐着他的同窗好友夫妇俩，女主人怀着身孕。他和好友结束了一次围棋战之后，于品茗时闲谈，而引起了话题：

　　"人家说和尚都能未卜先知，你能测知这第二胎是男是女么？"女主人说。

　　"测准了怎么说？"他微笑着问。

　　"和尚还有什么希求？"男主人故意说。

　　"希求？"他在心底默念着这两个字，忽然间诱发了他的灵机，一个不可思议的意念，像阳光下变幻的景物；虽然发生在遥远的地方，叫人看不出那内里究竟有些什么，但是，令人深信摆在眼前的是美好的事实，是很容易诱惑人心动的。

"这样好了，如果给我不意言中，就送给我做徒弟了！"他狡猾地设下一个圈套。

"你的意思认定是个男孩了！"男主人说。

"如果是个女孩？"女主人补上一句。

"是女孩与我无缘！"他很平静地回答。

"我就不信你真有神通！"男主人不服，接着说，"真要是个小子，准给你做徒弟！"

"好！"他像是先付定金，赶紧接上去，唯恐卖主反悔，并且加上一句，"一言为定！大嫂也同意了吧！"

"咱们是夫唱妇随，只怕到时候你牛皮破产！"女主人也兴致勃勃地回答。就这样，在不经意中结下了这个善缘。

又是一年的迁流，大地从冰冻中醒过来，柳条儿已抽出了新绿，布谷鸟也唱出了心声，江南的三月已经变成了翠绿的世界，那漫山红似火焰的杜鹃花，就像是少女们的春装，是那样的令人目眩。

人们都在为春耕而忙碌，忙得喜笑颜开，因为，那种在田地里的是一团团的希望，充满了延续生命活力的希望，包括自己、别人，这世上每一个有生命的众生。

农忙的日子里，雷音寺的住持，那个瘦高个子的老和尚，他虽然没有在为农耕忙碌，但他的心底里，也正在期待着一个新生命的来临。他曾不止一次地在计算时间：

"三月底，四月初！"

新生命降临的时日快要到了，他迫不及待地整理了一个包袱，背后挂着一顶竹笠，赤足芒履，独个儿到长沙搭船往北方进发——

这是个令人兴奋的日子，无论是天气、环境、气氛，和欧阳教授一家大小的心情，尤其是在后院里的假山旁，结跏趺坐于那片青石板上的老和尚，他似乎失去了往日的宁静与平和，只见他一会儿望望天空，一会儿看看花木，一会儿闭目沉思。

他是在等待一个时刻的来临。

在他的思维里，那时刻将给他带来很多很多，是一些说不出来毕竟"是如何"的事，或许是他一生中唯一的希望，或许什么都不是，或许仅仅是使他"空欢喜"的一刻。不过，他像是有一种奇妙的预感：

"将是一个充实的事实！"

阳光自东方逐渐升高，气候已在逐渐转暖，初夏的日子本来就是宜人的，一年中的此刻，不也正是充实的时刻么？

"哇——哇——"

隐隐地，一阵充满了"人生韵味"的声音，说不出是喜是悲的生命呤歌，从厢房里传了出来。像沉闷的阴霾，突然暴起一阵雷响，震撼着整个院落里每一个人的心弦。

老和尚禁不住站起身来，迈步走向厢房的客室。这期待的时刻终于来到，像倚闾待儿的老母亲，盼望着爱儿归来的时刻，终于让她盼到了。

当他跨入客室时，男主人欧阳教授早已在座了。

"是我赢了吧！"

他说出了内心的喜悦，虽然他已经是鬓发斑白的老和尚，而且具备了近三十年的禅定基础，但，关系着三代单传的命脉，关系着祖庭法系的延续，这是他唯一的希望，一个必须成为事实的希望，叫他如何能抑制住鼎沸的情感，而强迫自己平心静气、无动于衷！

"你确信这小子有根基吗？"

"你在怀疑？"

"但愿是的！"

"时间会证明一切！"

"我是不愿输给你的！"

"但愿不是为赌注的大小，而是为赌注的可靠性！"

"我们的信用像你的一样。"

"那我就放心了！"

"放得下么？"

"彼此！彼此！"

二人的谈话，在一阵哈笑中结束。客室里有丫头送来香茗，气氛已随之变得热闹了，整个家庭中的老少似是全体动员，加上助产妇穿梭其间，显得格外忙碌。

然而，此刻厢房里，这新生命的诞生，似乎并没有为女主人带来欢喜，因为在她的希望中是一个女孩，她像是对女孩有着特殊的感情，当她头胎生下来一个男孩之后，这种感情愈来愈浓，几乎在这十个月怀孕的日子里成为她念念不舍的生活的全部。

至于生男孩将会促使他成为一个出家的佛弟子，她并不是为此而不欢。虽然她不是一个佛教徒，而且还是个受过洗礼的标准的基督徒，但她深信"因缘"二字，基于在她教育知识的领域中，不时发现人生问题的产生，无论是任何的际遇，都逃不了"因缘"的安排。固然牧师们曾强调那是"上帝的安排"，可是，她想到"仁慈而又万能的上帝"，似乎不会把一切残酷的事实，去安排在崇拜他的子民身上，否则，便无法信奉上帝是仁慈的，是万能的主人！

"人，与生俱来就是有罪的！"

这种思想在她的信仰过程中，一直认为值得研究。因为，那"罪"的形成究竟是来自何处？谁造成？谁赋予？如果归之于上帝的安排，便没有了"我"的一切了，既然连"我"的一切也没有，那便不应该有"罪"的发生。谁都知道，人生的种种是发生于"我"的一切言语和行为上，而言语和行为的造成，是发生在某些"因缘"的变化中，而"因缘"的变化，正是"我"所造成。由于这种逻辑的道理，使她深信一切归于"因缘的结合"，便是人生现象的根源，也可以说是枢纽，她凝视着床上的内帐顶，那洁白的颜色，正像她此刻的心情，是一片空泛得一无所有的景象。她忽然感到有些累了，可能是身体上的疲劳。

终于她微合住双眼，静静的。

尘凡老和尚，湘益桃花江上游浮丘山雷音寺的住持和尚，当他完成了心愿以后，所剩下的就是今后如何培育的问题了。

欧阳教授的家庭，世代书香门第，自然不能因为后代子孙出了家，而忽视了良好的教育，平添一份遗憾。当他把孩子领来寺院之前，他清晰地记得当时的情景：

"孩子太小，需要照顾。"欧阳太太说。

"这点大可不必挂心！"他毅然地回答。

"可是，他不能不念书！"欧阳太太似是有心找难题。

"做和尚照样要念书！"

"不过念几本佛经而已！"

"没有汉学作基础，想念佛经也不成！"

"多少和尚不识字能念佛经！"

"各人念的情形不同！"

"不是同样做和尚么？"

"大学教授与学堂老师不是同样教书么？"

"做和尚能跟教书比？"

"你忘了和尚是普度众生的僧宝！"

那次的谈话不是诤辩，而是一次圆满的开示，不但赢得了孩子归他培育，而且还种下了欧阳夫妇以后菩提心生起的种子。就像佛经中所说的"善缘"，确然结下的是一份殊胜的善缘。

事实上这种错误的观念，在中国社会上，正是造成"僧伽"的人格与地位一直不太景气的症结，使得同时也影响了佛教的价值，这便是所谓的"连锁反应"，属于应该觉醒如何去弥补的迫切问题；也可以说是为了"教"的兴盛，"僧"的声誉，都待大力改革和宣扬，否则，唐宋时代的佛教盛况，将永远只是个历史名词，再也不能复兴于后世！

虽然，他本身远离于"改的精神"，但他有"改的意识"，亦如他自己沉醉于禅的世界里，从不到处标榜禅，而又希望禅能发扬光大是一样的！

夜，渐渐地深了。

他起身离开狮子岩，回到方丈室。

方丈室是一片石岩开辟出来的，面积不大，靠右由一道短石墙分隔，左边的一间是他的禅房，右边的一间原本是他的小客室，如今改作新收的爱徒的寮房。

寮房中，设了一床一桌一椅，桌旁是一满架子的书。床上铺一张竹席，新剃度的小沙弥侧卧在竹席上，身上盖一条淡黄色的棉被，小光头枕在黄藤编的枕头上，均匀的呼吸，微笑的脸庞，像是睡得很甜。依靠在床头照顾小沙弥的侍者，似是疲倦侵蚀了他的清醒神智，此刻正陶然于梦里。

老和尚唯恐惊醒了爱徒，蹑步走近侍者身边，伸手摇醒他，示意他回房去睡，然后自己盘坐在床上，闭目养神，渐渐进入禅定。

一个恍惚如梦的意境，像往事般呈现出来。他走进了一个世界，庄严肃穆，寂静幽雅；重重的山峦，起伏的丛林，飞泻的瀑布，奔驰的流泉，点缀着处处伽蓝；佛殿的屋顶，飞檐腾阁，彩凤蟠龙，极为金碧堂皇。山门上，悬着"清凉山"金字黑漆巨匾。

"清凉山不是咱们五台后山么？"

一位中年比丘手牵着一个十来岁的男孩，男孩身着竹布长衫，黑色马褂，套一双青缎面的方头鞋，洁白的布袜裹在裤管内，系着淡蓝色的绸带，头上戴一顶瓜皮翠玉顶青帽，脑后垂一条近尺的发辫，走在路上一晃一晃的。

小男孩走在中年比丘身边，轻轻地提出了自己的想法。

"是啊！"中年比丘漫应道。

"可是不像呀！"小男孩疑惑地问。

"你像个沙弥吗？"中年比丘反问道。

"像文殊菩萨不行么？"小男孩狡黠得很。

"哦！"

中年比丘倏地放开了小男孩的手，举首凝视着"清凉山"三个金色大字，他的思维蓦然投入了沉思，他的灵智若有所悟——

似朦胧，似清晰，似飘忽不定。

似陌生，似熟悉，似曾相识。

那影子——

"娘！我要解手！"

突然的呼声，发自小沙弥，惊醒了老和尚的寂静意境，被拉回到现实的禅房。他起身把桐油灯拨亮了一些，然后从床底下拉出来一只木质尿桶。

"敏儿！出家了，自己起来小便！"老和尚指着尿桶，沉沉地说。

"是！师父。"小沙弥顿然觉醒，轻轻地应了一声，乖乖地爬起床，在尿桶处胡乱地拉了开来。一双小眼睛仍然惺忪欲睡，把小便拉在桶里桶外都是。老和尚见了，皱了皱眉头。

"下次要小心一点！"老和尚提出警告。

"是！"小沙弥随便应了一声，回到床上，躺进了被窝，老和尚伸手把被子替他盖好，然后结跏趺坐，闭目养神。

夜，深沉，窗外显得很暗。

山峰顶上的寺院是沉静的，除了偶尔传来一两声夜鹰的啼叫，几乎只能听到寺后的阵阵雷风声。雷音古刹的得名，便是来自峰岩后与后山相连的一片断岩处，所发出来阵阵雷风声的缘故。

在无边的夜里，老和尚的思绪变得反而零乱了，像海边的潮水，起伏汹涌，动荡不定，一忽儿近，一忽儿远——

天岳山梵音寺的本山，位于汨罗江上游，古名叫作天岳，八小山之一，佛教中称作小南天。山峦绵延，北接幕阜，与江西的武功山共成分水岭。处处流泉飞瀑，山上奇岩古树，怪石琼花，确然是尘世外，别有天地，不亚于世外桃源。

小南天的范围很广，殿宇寮堂，几乎组成了一座小城市；靠近文殊殿右侧的老龙坡，设有一座沙弥园，园中除了一处观音洞代替了殿堂之外，依山腰之麓，是一座三排成品字形的建筑物，正中一排是书馆与斋堂各占一半，两边是沙弥们的寮房；寮房里是木板大通铺，房内大致还算整洁，无论是衣物枕被、洗面用具等，都有一定的位置。

园中共有五十多个小沙弥，年龄自五岁到十四岁不等，清一色的小男孩，个个长得眉清目秀，大体上体格都很健壮，只有少数刚进园的显得很孱弱，有的甚至还患有重病或绝症。那都是来沙弥园以前，在家中就认定活不久了的孩子，做父母的把他们送进园，期望在三宝的慈力下，有希望活下去。事实上这类的孩子，在园主与较大的沙弥们的照顾下，一个个活得很好，而且病症也随着消失了。那并不是神妙的奇迹，而是寺中的正常生活，加上清幽环境，加以细心调理，无疑地会走上活下去而且活得很好的局面。

此刻，园中的小沙弥们正在追逐嬉戏着，一群灰袍光头的孩子，活跃于九月的秋阳下。微带寒意的山上，血红的枫树，光秃的桂桐，枯了的草地，以及那平静的小湖，较之绿色的春，有另一番景色。

小湖靠近一片奇岩，湖东耸立着一片苍松，松下对坐着两个十二岁的小沙弥，两张微现红润的脸庞，都是那样英俊可爱，虽然面上浮着稚气的笑，但是，另一种隐露的庄严之气，不逊于一个六十老僧。他俩结跏趺坐，手捧弥陀印，微日直身，谁也没有不自在的表情，的确像两个大和尚在议论什么哩！可不？且听他们的对话。

"七岁出家跟十岁出家并没有差别！"穿玄青色僧袍的说。

"大和尚们总是称赞愈早愈好！"穿灰色僧袍的说。

"如果只是持斋不修学，生下来就出家或六七十才出家，应该都是相同的！"

"你将来也会是个大和尚！"

"和尚只分老少。"

"我就是个小和尚！"

"应该说只是个小沙弥！"

"等到受了大戒仍是个小和尚。"

"你很想做大和尚？"

"当然想！"

"大和尚要有超人一等的修学！"

"我要下工夫，先把基础打好！"

"……"

二人停止了谈话，四周已是一片沉静，原来沙弥们都已进入书馆，接受寺中所安排的私塾，授予各种有益的课程，以培养孩子们的知识与学问。

"梦云！一尘！上馆读书啦！"

湖西边响起了园主的呼唤，两个小沙弥闻声，很快地奔向书馆。

书馆里，正面设一张檀木条桌和一张太师椅，上面坐着一位近七十岁的老比丘，鼻梁上架一副老花银丝眼镜。桌上排了些文房四宝，此刻他正拿着一支朱笔，在为一个小沙弥圈点《论语》，其他的人坐在条桌旁的长板凳上，一个个轻声朗读课本。

书馆里一片读书声。

梦云和一尘两个小沙弥蹑步进了书馆，刚刚落座，适巧那位比丘先生抬头查看馆内的情形。

"你们两个到哪里去了？"

"……"

"你们怎不讲话？"

比丘先生似乎有些生气了，用手扶了一下眼镜框，伸手拿起桌上的一根戒尺，猛然朝桌面重重一拍；顿地震得馆内一片清净，朗朗的读书声像闸水断流一般，整个书馆里变得落针可闻。

"好贡高的小沙弥！来馆里不到三个月，尽见你们两个不是迟到就是旷课！不要以为你们天分好就可以胡来！老比丘受了方丈和尚之托，任谁也别想特别！就是方丈和尚的徒弟，我老比丘也照样不客气！"比丘先生好像隐藏了许多委屈，想找机会发泄出来。

"我们错了！请先生息怒！"梦云站起身来很严肃地说。

"认错？认错就算啦！好小子！看你那种不服气的样子，你会真的认错？"比丘先生不知为什么，听了梦云的话，像是火上加油，火气更大了。

"出家人不妄语，请先生谅察！"梦云端庄肃穆，毫无惧色，清晰又平和地回答。

"好啊！竟敢顶嘴！你以为你的辈分高，天分好，是天之骄子！我老比丘就不敢治你？"

"学生从来没有这意识，请先生不要误会才好！如果的确是有犯错的地方，情愿承受处罚！"

"你过来，今天就治治你！"

比丘先生的为人，在馆里反映本来就不太好，原因是他未出家之前，听说是个落第秀才，自以为命运不如人，才跑来天岳山的。今天他这种不讲理的言行，只是因为内心潜在了太多的委屈，在庙里常常跟同参道友们闹事。方丈和尚把他调来沙弥园，原为避免一些成年比丘不容他胡闹，才让他教教小沙弥，借天真无瑕的孩子们，平平他的孤傲和自满的下意识火气，谁知他本性难改，反而误会了方丈和尚的一番苦心。

此刻，园主正躲在门后观察馆中的情形，眼看梦云要遭受无谓的惩罚了；于是赶紧现身，走向比丘先生的席位。

"无尘师！教孩子不能动火，这两个孩子迟到不是有意的，警诫一下好啦！"园主用平和而又慈祥的口吻说。

"你是护着他们来的？"比丘先生以挑逗的语气说。

"我通明身为园主，一向公正行事，从无偏袒之心。"

"馆里有我任教席，你想偏袒也不行！"

"只要你公正行事，通明不会多嘴。"

"教席的权利不受你干预！"

"要公正！"

"我有权！"

"园主受命于方丈和尚，有绝大的责任！"

"我是自己来的么？我也是受命来的！"

"我不是在和你争权，是在和你讲理！"

"你是在以辈分压人！"

"梦云的辈分更高！"

"所以你往高攀！"

乱了！馆里的争吵声达于户外，小沙弥们交头接耳，显得更为零乱、嘈杂。

梦云见状，心想纠纷由他而起，这场争吵要停息，只有自己受点委屈，才能大事化小，小事化无。于是，趋步向前，胡跪合十在通明园主与无尘教席二人的身边。

"请二位不要争辩了，一切都怪梦云不守馆规，才会引起二位的不快！梦云甘愿接受教席与园主的责罚！"梦云发出有力而诚恳的声音，果然阻止了二人的争吵。

"真叫人惭愧！"园主是有感而发，叹口气，走了。

"哼！"比丘先生悻然回座，靠在太师椅上，置梦云胡跪尘埃而不顾。

然而，梦云坦然受罚，微目胡跪，合十当胸，静静地，有若老僧入定。馆中其他的小沙弥，一个个正襟危坐，目视课本，唯独和梦云最要好的一尘沙弥，暗暗伤感不已。在他，总认为事由他起，要不是他尽向

15

梦云问话，便不会听不到铃声而迟到。

不过，不管如何，纠纷总算是平息了。

世间事，环境的不适，仍然是人为的因素居多。所谓环境逼人，无妨说是人逼人。就像沙弥园的教席，为了一点争执，硬是不容梦云与一尘留在园内受教，直逼到二人离开沙弥园为止。

事实上梦云住园受教，并不同于其他沙弥，只是因恩师有事去了北方，完全寄居性质。他原有小庙可住，在教席不容的情形下，他幼小的心里是感到相当委屈的。所以，当他临行前，曾私下立誓：将来长大了一定要回本山做方丈，花三年时间把里里外外好好的整顿一番。

他走了，一尘不舍分离，要求做个同参，追随他的身后。就这样，二人乘船换车，回到了桃江上游的浮丘山雷音古刹。

雷音寺常住不多，山下的宝林村有一处私塾，梦云与一尘两个小沙弥，白天往私塾就读，晚上返寺安住。日子于往还山之上下较苦，但在精神上倒也自由自在，快意多了。

这年秋末，梦云的师父从北方归来了，师徒二人选了一个月黑风高的夜晚，在方丈室里为沙弥园的事作过一番检讨。

"一切的后果，归咎于你掉以轻心。"

"当时我承认错了，并请求责罚。"

"他们说你的态度不够诚恳。"

"园长可以作证。"

"正因为园长偏袒你。"

"我以为他很正直。"

"你可知他有攀缘心？"

"缘在哪里？"

"咱们的辈分太高。"

"……"

"记住无争即是戒。"

法示般的话结束了，使梦云对事理多了一份体悟，由于这句话的影响，以至后来的他受用无穷。虽然，也为此而惹来不少的误会，遭受许多无谓的麻烦，但是，那"路遥知马力，日久见人心"的古训做后盾，其后果总是美好的。姑且不论在事理上有无得失，至少在道业的分量上是坚强可靠，获益真实，可以心安理得的。

梦云的师父于这次谈话之后，特地购了两匹马，安排他与一尘到离寺十五华里远的石笋——箴言书院去读书。因为那里的教席水平较高，而且在教学、环境、管理、设施各方面都很理想，对小沙弥们帮助极大。

的确！新的环境，新的作风，以及百多个不大不小的孩子。整日里除了读书之外，便是私塾中认为最不当的新玩意——运动。运动中有体操、球类、武术、田径等多种令人身心健康的活动，不像私塾中一味地死读、死背、死板，动辄戒尺、竹板、跪算盘，令人身心两疲劳，结果学而无用。

梦云和一尘在书院里修学了五年，五年中在学术与知识上受益不浅，尤其是一尘，原先的智慧与思想，较之梦云可以说差了一大截，而经过这五年的陶冶，确非吴下阿蒙，虽然不能相提并论，也差之甚微，所差的距离是智慧上的反应不及。

二人的学业算是暂时告了一个段落，回到小庙里专心于佛教经典的研读，以及道业上的修持工夫。

年龄已不是小孩子的他们，无论在修在学的精神，都转变得成熟多了；尤其是思想的运用，智慧的发挥，均能达到自立的境地。本来像一尘曾经一直是唯梦云是首，处处依赖无主张，而今也能挺立自拔了。

一天，一尘向梦云提出来他的想法和看法。

"再等三年就可以受具足戒了！"

"有什么安排？"

"我想先回大云山，尽份弟子对恩师的孝道。"

"应该！以后呢？"

"说不定先到北方去读书。"

"我赞成你先去读书！"

"你呢？"

"时代的趋势将以学理为前提，也是度众生最要紧的工具。"

"修持的工夫可以放弃么？"

"那是个人不可缺少的生死大事！"

"要想做到修学兼备恐怕不容易！"

"你曾经不是说要做大和尚么！"

"更不容易！"

"事在人为！说不定不出十年，你就可以掌管大云山了！"

"你不是对天岳山也有兴趣吗？"

"小南天是八小山之一，毕竟不是件容易的事，何况方丈和尚是需要长老们推荐而遴选！二十四老得不到十五位的支持，永远只是个梦想！"

"对了！不谈这个，有一个疑问你能告诉我吗？"

"问吧！"

"天岳山在岳阳，小南天在天岳，为什么会扯在一起？"

"岳阳的天岳山是小南天的下院，天岳山的本山是天岳！"

"这一派是从哪里分来的？"

"来自绍兴的平阳，开山祖本昼禅师是木陈道忞老和尚的弟子，和山水大师石涛元济法师的师父——旅庵本月禅师是师兄弟。起初本老和尚在天岳开山小南天，号为天岳山，命名梵音寺，后来基于道老和尚的一次洞庭之游，看中了岳阳东边的山势，便嘱开创为天岳山的下院。从此，由于下院的交通便利，加上岳阳的盛名，反而为游方参学者传播四方，名气之大，远胜本山百十倍。尤其是到了用智法师的手上，下院的种种，无形中与本山脱节了，成为现下独立的天岳山，这就是用智法师用智后的结果！"

"现在的归西大师不是德高望重么？"

"他也认为天岳山不是下院，是惟德老和尚开山的，把天岳的创派祖师也撇开了！"

"难怪你从不入岳阳的天岳一步！"

"不全是为了这个！"

"为什么！"

"因为在洞庭湖的扁山，我师父有一椽茅舍可以落！"

"哦！对了！提到洞庭湖使我想起了令师的绰号，为什么别人称他为钓水疯僧？"

"顾名思义，不是第一义！"

"禅家风范，可惜我不识禅机——"

"不识是行者境界！"

"无量寿佛！"

梦云与一尘相处了六年多，由于个人的环境不同，和前途指标的差异，终于在一个萧瑟的秋天里分手了，从此天南地北，各奔前程，为未来开创新天地。

一尘回返大云山，奉他恩师妙莲老和尚（非鼓山之妙莲）之命，僻居小九华潜研三藏法典，经八年的苦读，把华严部的经论与疏钞，翻来覆去，精研细究，终于在华严性海中寻得了无尽世界，那便是后来成为大老的华严座主——逸尘大师，或者说是怡尘、宜尘、达道都可以，因为这些都是他常用的名号。有时，他为一生中得助最多的同参好友——梦云，而常于字画的题签中写下"念云"行者的雅号，那含意即是说：

"常念梦云——"当然，梦云的种种，那不仅仅是他所常念而已；而且，所给予他的策励效用更大！

梦云自从与一尘分手以后，便转入省城的岳麓书院。为时不久，便直升湖南大学研习文科专攻本国文学。在学校期间，白天现学生相，晚上还复沙弥身，挂搭于营弯寺，寒暑假则回浮丘山雷音古刹。

大学四年中，梦云把所有的时间，都放在学业上，除了长沙城里的开福寺有法师讲大座，否则，他往往为极有限的时间而安排得极具价值，正如他的恩师虚因老禅师所教导的："时流一直往前奔驰，如果欲想不为时流所摒弃，那就只有尽自己所能，拼命往前追去；否则，便会像两岸的草木一般，任其枯荣变异！"

不是吗？四年中，他不仅是色身成熟了，无论是思想、知识、行为，都已步入了成熟的阶段，像生活的安排，生命的功率，都能冷静地去处理，去运用。虽然，在他周遭的环境中，难免受到许多感情上的困扰，有时甚至为许多的陷阱与诱惑而迷乱，但是，他时刻记取"身为出家佛子，必须荷担如来家业"的重责大任而提高警觉，小心翼翼地坚强挺立，不为陷阱与诱惑而迷失了自己。

他深深地铭记着浮丘门下的家风：

> 不管人家对不对，自己一定要对！
> 做对了是应该的，做错了赶紧觉醒！
> 时刻检讨自身，忏悔个己业重！
> 一切菩萨行为，尽一切力量效行！

在这种大乘佛子必须如法的典范家风之下，梦云是属于陶冶后难得的精英，无怪他的恩师曾说：

"本门下自你师公到你，三代单传已无第四的机会了，因为单传的传承式是最危险的做法，基于你的根基，希望不要让我失望，好自为之！"

每当他陷于诱惑而迷乱的时候，他的潜意识里，便会像电光火石一般，倏地浮现起这些鞭策，使他蓦然觉醒而坚强挺立起来。

在他大三的那年，一次意外的机会中，系里的一位女助教孙秋萍，是梦云俗家的姑表，长他九岁，每周六、日两天，在一位法籍的牧师家里补习法文。这天星期日，秋萍邀他同往，一方面是做伴，另一方面也是鼓励他共同修学法文。这在梦云的心识中，认为有机会多学一点总是好的，于是，二人欣然就道。

法籍牧师有个半西洋式的中国名字，叫作徐亨利，本名叫作汤尼亨·钦斯买·果述。住在湘江的水鹭洲，一幢西班牙式的别墅里。地方上的人都叫他徐牧师，是湖大外文系的客座教授。

二人到了徐牧师的家，经过一番介绍和推荐，很顺利地得到了允许，允许他享有和孙秋萍同等的教诲待遇。虽然，梦云毫无法文基础，好在他有一位可以帮助他的表姐。

然而，原先只是单纯地学法文，没有一个月，徐牧师的千金——琼斯康妮儿，中国名字叫徐康妮，却像粉蝶儿一般投向了梦云这个外现学生相、内密沙弥身的特殊青年的情感里。

康妮是个金发碧眼的洋娃娃，十一岁到中国，自江北而江南，经历了八个整年了。对中国的一切，无论是人情、风俗、历史、文物，她都深深地爱慕着，尤其是中国的旗袍和中国的饮食，有着格外的偏爱。

她，曾私下里对孙秋萍表示：

"我愿意终生住在中国，嫁给中国人做太太。"

由于这原因，孙秋萍起了一份私心，也可以说是心愿。她对表弟梦云的出家做和尚，一直认为是种残酷的事，无论是他的家世、财势、名望，以及个人的人品德性、才华智慧，都可以说得上极其优越，如此的青年，长伴古佛青灯，实是不仅对他个人是一种损失，就是对他的家庭，及社会、国家，都是一种损失。

所以，孙秋萍有意撮合这段姻缘。虽然，这在梦云本身毫不知情，甚至他的心深处，压根儿就没有世俗的情感。

康妮与梦云结识了，但女方不知道他是一个佛教中的出家弟子。梦云遵师父之命，为避免一些无谓的困扰，也一直保留这种身份，不让同学们知道，包括校方在内。

情感，是维系人类关系的桥梁，尤其是男女关系。情感就像一根胶着的丝，绵绵的，沾着，不是普通力量所能解开的，除非另有一份超出此情感的力量。

康妮出生于法国，成长于中国，有西方人的热情，有东方人的温顺，是属于比较含蓄的类型。在她的生命过程中，她的思想里充满了中国人的种种，包括为人处世，言行作为，无不是纯中国人的色彩和风范。所以，她热爱中国和中国的人情、风俗、礼仪、文化。

起先，她结识梦云是对中国的一种爱的冲动，是自然而广博的；后来，当她发觉梦云的学识、品格、智慧等超过她的想象时，一种庆幸的欢喜，自她的心深处由友情而变成恋情，往往于不经意的场合中流露出来。

像山岚，穿梭于林木草丛。

像蜂蝶，流连于花蕊粉瓣。

像流泉，遍迹于溪河湖海。

　　像只柔顺的小花猫，缠绕于脚边、安睡于怀里。

　　柔的、蜜的、爱的……流露着。

　　梦云！像一首诗，康妮是诗中的意境。

　　康妮！像一幅画，梦云是画中的色彩。

　　确然！他们变得像一支歌，如曲与谱，甚至使梦云忘了自己的处境。

　　毕竟他是有善根的，每当他的情感濒临崩溃时，那庙院的晨钟暮鼓，像锵然的警语，唤醒他即将迷失的灵智。他会蓦然而起，像哲人发现了人生的奥秘，把思维投向百补的衲衣，把情感托之于方便铲，毅然地踏上头陀的苦行旅程，甚至不惜耽误可贵的学业。

　　他的生命是经过洗炼的。

　　他的情感是经过熏习的。

　　他的理智是永远清醒的。

　　为此，康妮曾经在沉思里，那些超乎常情的突然，使她以为自己做错了什么。总会禁不住地合十胡跪，仰望着床头的十字架，心底发出虔诚的忏情：

　　"主啊！允我忏悔吧！莫要剥夺了我的爱情！"

　　"我是具有十二万分诚意的，做一个地道的中国人的贤妻良母！"

　　"主啊！不管是什么原因我都愿意承认是我的错，只要他不像梦一般的消失，像云一般的飘去！"

　　她的确是沉迷了，有海一样的深。

　　梦云也意识到可能的发展。

　　是他大三的暑假期。

　　"康妮！我们去桃花江欣赏美人去！"梦云有意安排一个"谜底揭晓"的机会。"什么时候去？"康妮久慕桃花江的艳名，自然欢喜极了！何况是心上人约她第一次远行。"明天好吗？""一切听你的！"

"令尊令堂放心吗？"

"跟你在一起不会！"

"跟谁一起才会？"

"父母不愿我交往的人。"

"我感到非常骄傲！"

"不是你！"

"谁？"

"应该是我！"

"不是自卑吧！"

"有必要吗？"

"对不起！是我失言了！"

"不许说——"

阳光下的花丛畔两个影子相拥着，紧紧地，可惜各人的内心涌起的是不同的滋味。尤其是梦云，心底是阵阵的酸楚，说不出来的歉意，重重的像块巨石压榨着他。

这是命运之神作弄人么，抑或是所谓上帝的安排？

都不是！梦云是研究佛理的，他从不相信这些。他深深知道，业感是由不得平凡的人的，但愿"诸业随缘了，切莫造新殃"！如此才能得到解脱。不然，尘世的缠缚，会像糖与粉，那后果将愈滚愈多，连真实的影子也会迷失。

不是吗？蚕的事实，是人生哲学的标点，是一个双料的惊叹号！那内里意味着"自作自受"，好像是心甘情愿的。不正是佛教《华严经》所说的"一切唯心造"么？

蚕，明知故犯，梦云毕竟不是蚕。

何者是可以做的？这些在人生的旅途上是比较容易对付的；唯独那

"何者是必须做的？"是一桩困难的事，因为，必须具有毅然的勇气，不变的决心和的确能够"看破！放下！"的修养功夫！这种功夫的修养，它最主要的条件，是人类中最最可贵的"智慧"！

智慧的形成，是耳闻目睹的经验，无论是他人的或自己的，无论是过去或现在的；是经验所累积而成为"智"，由智的群中加以选择，这种经过选择出来的经验，便是智的精华，称之为"慧"了！所以，人生中较为易于成就的是"智"，而"慧"就不是举耳张目即能获得的了！

梦云自从投礼虚因老禅师座下，十多年的教海，无论世出世间诸法，几乎都承受过严格而洗炼的陶冶。虽然，学佛的日子仍然浅陋不实，但是，过去世的根基，多少不同于平常。何况，他十多年庙院生活，耳濡目染，无一不是广大磅礴的"学道、行道、殉道"精神。自然，他的人生态度，是行步于"看破、放下、自在"的境域中的。尤其，他恩师对他的期望，几乎时刻都响亮在他的耳际：

"自你师公而至于你，三代一脉单传，慧灯相续，非同他们，切记好自为之！"

他的责任是重大的，一脉的香烟，不容斫断，师门荣誉，永远光大。其中的关系，不仅仅是个人的得失问题，具有不可忽视的因果责任！

师门，狭义的是个小的团体，推而广之，将是影响到一个法脉，而至整个的佛教。因为，一个宗教的组成，是综合每一个体而为整体，个体的成长，也就是整体的壮大，个体的健全，也就是整体的力量！

人，人生，无论世出世间任何一个阶层都不能否认这种事实！

桃花江是资江流域的一处支流，地属益阳县境，自庐山乡的浮丘山发源，经石岭、杉树、桃谷，而入资江。

桃花江地方有一修山，离桃江镇约五华里，修山又名羞山，相传山村有一对男女青年，一个是美艳绝伦的裙钗，一个是风流倜傥的哥儿，二人本系同母异父的姐弟，幼小时是手足情深，**成年后**由情成爱，以致发生了破坏伦常、不为邻里所容的丑事，最后被逼双双投井自尽，起初井水不久干涸，而后甘泉暴涌，全村人饮用井水后，**每一户的女郎**，顿然变得娇媚丽质，以至成为今天的"美人窝"。

不过，又有一说，修山出美人，是由于地理形势和风水配合恰到好处的缘故。但不论怎么说，桃花江的修山出美人，早已传播世界，闻名遐迩是事实了。

浮丘山是桃花江的源头，山上有一长年隐在云雾里的碧云峰，峰顶有一古刹名叫雷音寺，寺中石殿前有一观音泉闻名遐迩，原因是泉水不但可以治百病，而且水质奇佳，的确是"灵泉甘露，滴滴琼浆"（按：泉旁石壁上的题字）。

梦云与康妮到达桃花江之后，在镇上浏览了一番，也到修山去凭吊了一番，然后雇马匹往浮丘山进发。

这次浮丘山之行，主要目的是梦云有意对康妮作个"不辩"的自我"真实"的介绍，基于他的表姐秋萍曾坦然告诉康妮，说出梦云是个出家佛子身世时，不仅康妮不相信，就是康妮的父母也认为不可能。因为，以他在中国传教的时间，和对中国佛教中的比丘的认识，认为比丘中除了半途出家的有大学或清代的举人、进士，及古代臣帝将军之流，甚至皇帝当和尚的都不足为奇，但在近一个世纪中还不曾听说过，青年大学生群中，竟有比丘（应该说是沙弥）身份者。

这也难怪，中国比丘的教育水平，本来就一直不平衡，年长的大德，有的学养很高，年轻的就差多了，除非是半途遁入佛门，企图做个隐者的官士绅贾，于世事尘劳之余，一心皈命三宝；否则，便只有几处佛学院的学子们其教育程度较高，但也比不上社会上的大专学子，尤其是国立大学。

信与不信，梦云为此曾与剃度恩师以书信求教，期能获得可以解脱此一烦恼缠缚的方法。邀赴浮丘山是师徒间早已约定好了的，何况虚因老禅师门下单传，他对梦云的期望，以及法统的前途，在内心里的烦恼，他是不亚于梦云的。

梦云在老和尚的心目中，像太平洋中的暖流，那不仅是人类生活环境中美妙的安排，也是人类生活需求中不可或缺的自然力。何况梦云具有牢不可破的善根智慧！纵然人为的破坏力像飓风暴雨，像疾雷闪电，但老和尚自信他从梦云儿时所施的教育，是挺得住世俗任何外来的陷阱与诱惑的。

这天，梦云与康妮纵马扬鞭，像春天里山野的飞蝶，飞跃着奔上了浮丘山，放蹄于碧云峰登峰胜景——十八盘（陀螺十八绕），一边欣赏山色，一边细语轻歌。在表面看起来，有如一双恋情中的少男少女，可惜梦云的内心，是有苦无处申诉，只好强作笑颜，以免扫了康妮的兴致。何况，事实的揭晓，只在这畅览浮丘风光之后呢？

"云！浮丘山太美妙了！"康妮露着惬意的欢欣说。

"这一片朦胧的云雾把你迷惑了！"梦云语意深长地说。

"迷惑本来就是美妙的！"

"当一阵风起处，你会大失所望！"

"景物是不会变的。"

"迷惑的像是梦！"

"梦醒后不是仍能回味么？"

"那将是惋惜多于依恋！"

"毕竟是为寻梦者所拥有的！"

"康妮！太重情感的人，结局将是忍不堪睹的残酷！"

27

"自古以来，好像都逃不出这种命运！"

"为什么人类偏要舍弃理智？"

"大概就是所谓的人之所以是人吧！"

"不是人人如此！"

"除非是圣哲超人！"

"不也同样是人吗？"

康妮听到这里，心底不禁打了一个冷战，随手拉住了缰绳。仰望着峰顶的那一片浓厚的云雾（其实她已置身在云雾里了），默默地像一座跨坐在马背上的雕像，如果不是马儿在摇摆着头尾，发出断续的轻吼的话。

此刻的梦云，已经驱马上前，并立在康妮的身畔，他好像不敢也不愿去打扰她的沉思，仅仅默默地陪伴着，像一位尽忠的护卫者。

二人抖动着缰绳，飞快地向峰顶奔去，尤其是康妮，她几乎想借此一抖之力，把那即将来临的事实为之抖落。

她在心里暗地希冀着：

"但愿只是梦云的一种说辞。"

不久，二人抵达了峰顶，正像梦云所说的，峰顶是一片清晰，没有些许云丝，一座人工与天然参半的庄严庙院，矗立在峰的顶巅。

碧云峰山势奇特，一面背山，三面孤立，背山的一面并不与旁山连接，中间尚隔一道陡然峭壁，就像是一道狭隘的鸿沟，由上至下，何止百寻；常年狂风暴卷，回环其间；宛若疾雷轰击，又像战场喧嚣，其气势逼人之极！雷音古刹建立于此，其寺名的由来，便是依之而起。

寺前，在大殿的右侧，奇岩垒石，向阳处，凹下一片石穴，穴中涌出清凉甘甜的泉水，那便是闻名遐迩的"观音泉"。殿的两侧是依石岩而修建的寮房，殿的后半间，是峰岩处天然凹入的大洞口，前半间便是人工加宽加深的石墙，殿顶由于风太大，盖覆着生铁铸成的瓦片。整所

28

寺院可以说是依地形地势而建立，洋溢出一种突出的古老与苍劲，令人油然生起神秘而肃穆的感觉。

康妮下了马背，立在山门口，环目四望，首先映入眼帘的是一只巨大的石香炉。大殿两旁是一对高大而雄壮的石狮子，殿内供奉的是观世音菩萨立像，手中的杨枝和净瓶，正在为这五浊恶世，洒下慈悲的甘露圣水。康妮想跨步入殿，为梦云抢前阻止了，告诉她说：

"等等！入殿礼佛，要先洗净手脸。"

"哦！对不起，我只是想进去参观一下。"康妮不懂这些，坦然地回答说。

"不行！"梦云有点固执："我先领你去客堂休息一下，洗洗脸，然后再去参观。"

"也好。"

康妮本来是一个温顺多情也极为爽朗的西方少女，随即跟在梦云的身后走向客堂。

梦云把她领到客堂之后，向知客师招呼了一声，然后告诉康妮稍为等待，便匆匆向殿侧的寮房奔去，好像有什么迫不及待的事一般。

没有多久，梦云回到客堂，向康妮说：

"走！我们下山，送你到平山庵过夜。那里都是尼师，什么都方便。"

"现在就走？"康妮感到有些惊奇。

"是的，我们先下山，等一下在路上向你解释！"

"你是在做戏？"

"相信我！走吧！"

"我有些累了！休息一会不好吗？"

"原谅我！下山反正是骑马，慢慢地走好了。"

"唉！"

康妮无可奈何地离开客堂，走出雷音寺的山门，跨上马背，向山下慢步行去。

时值晌午，康妮感到有些饿了，侧首向梦云探了一眼，发现他好像有什么心事，默默地任马蹄踢踏。康妮见了，原本想要说"饿了"的话，也只好忍住，以探询的口吻说：

"你方才说要给我解释，究竟是怎么一回事？"

"我师父在生气！"

"生谁的气？"

"我的！"

"为什么？"

"正是我要送你去平山庵的理由！"

"你师父讨厌我去雷音寺？"

"所有单身的女人，尤其是与寺众认识的女人！"

"违反常情嘛！"

"关系出家人的律仪，你不会懂得的。"

"你呢？"

"我还没有受大戒，一样不懂！"

"不是盲目地服从吗？"

"师命不可违！"

"这是中国人的美德？"

"是出家弟子的本分！"

"你真的是出家人？"

"我不想为此多做解释，相信我！康妮。"

"不会是真的！"康妮有些激动地说。

“我不想欺骗你。”梦云安慰她，音调中充满了歉意和诚恳。

“我希望你是骗我。”

多么沉重的希望！这便是人与人之间“爱”的力量，别于众生中其他低等动物的爱。尤其是男女间这种无法解释的情感，就像是慈母对儿女的给予，永远没有厌倦，没有条件，纵然有时偏于“溺爱”，确实是不应该有的，但她仍然会去寻找可以原谅的理由。

康妮待梦云便是生活在这种情感里，自从相识的那一天开始，她便以奉献的精神，渴求能获得做一个中国人的妻子，而毫不觉得委屈的欲去完成那个愿望。有时，当她的情感平静的时候，她想：

“如果他真的是个出家人，应该怎么办？是断然地舍弃他，还是设法用爱的力量去争取他？”

虽然她的父母曾经叫她在心理上事先有个准备，不要事到临头而乱了方寸，把自己打进绝望的深渊，那样便变成了可怜的愚者，不但会伤害了个人，同时也会伤害到家人。

二人马未停蹄，一直朝山下行去。

梦云在此刻，见康妮默默地沉思，他似乎能猜得出她在想些什么，心底里也有着不知如何是好的感触。不过，他有另一种力量可以依恃，他深信他的师父会处理得很好。因为，兼母代父的师父，在他的心目中是最能信赖的全能者，凭他的记忆所知，好像从来没有一件事，能把他的师父难倒！

下了山，好像穿越宝林村，绕过清修山，在黄鹤山嘴的山麓，一片参天的苍松古柏丛林处，橡木比连，红色的围墙，绿色的屋瓦，露出飞檐一角，那便是幽然恬静的平山庵。

庵前是一条深长的青石路，两侧是整洁的梨子园，二人的马蹄印在青石上，得得的蹄声，清脆地响亮在林间。

这是一幅绝美的图画。

这是一首动人的天韵。

晌午的时刻总是寂静的，尤其是平山庵的时刻，显得更为寂静，甚至还增添了一份超尘脱俗的"雅"！

二人下了马背，拉着缰绳，立于紧闭的山门前。梦云伸手拉起门上的铜环，极为小心而有节奏地在门上敲了三下。不多久，山门开了，是一位年老的尼师应门，见了梦云身后跟着一个女学生，首先是略感惊讶，随即平静地念了一声："阿弥陀佛。"然后肃客入内。

梦云停在山门外，对老尼师说：

"慧一师！我不进去了，请您好好招待这位客人，我现在要回山，明天我会请老和尚一同来庵里。"

然后又对康妮说：

"不要不安，这里的尼师们非常慈悲，会使你感到有回到家里的感觉，恕我不方便在这里陪伴你，明天一早我会尽快赶来！"

就这样，没有让康妮来得及说声再见，老尼师已伸手关上了山门。门外是梦云跨上马背，响起一阵急促的奔蹄声。

当天夜晚，是个月黑风高的时刻。

雷音寺的方丈室里，一盏昏暗的油灯，微亮的灯光，照着一老一少两位比丘的脸，相对盘坐于山棕编制的蒲团上。年长的对年少的凝望了好一会，然后沉重而庄严地说道：

"云儿！人生的旅程本来就是艰苦的，尤其是一个出家佛弟子的道路，更是魔障重重，只要稍一不慎，便会为其毁损。所以，自小我就告诫你，作为我门下的弟子，必须要像一棵树，要有独立自主的精神，任他狂风暴雨也不能把你击倒，除非是你自己击倒自己。"

"是的，梦云一直谨记在心。"

"既然如此，自己的问题自己处理，明天一早我要下山去洞庭湖。"

"师父……"

"不必多说了，去休息吧！"

年老的比丘，伸手熄灭了油灯，年少的悄然离去。

年少的正是梦云，他离开了师父的方丈室，独自回返寮房，和衣躺在木床上，微闭着双眼，思维里正涌现着如何释疑的意念。他必须拿出智慧来，以圆满的方法去解决问题。他深知师父的个性，凡事最忌讳的就是像根藤，毫无自主的能力。是的！他不能依赖，正如他师父不止一次地强调着说：

"你是三代单传的弟子，今后的成败，不只是你个人的，关系到整个的师门！"

夜更深了，他渐渐为疲劳所袭，不自禁地沉沉步入梦乡——

第二天，早粥后，梦云独自下山，走向平山庵。

到达庵前，老远便看到一位年逾五十的比丘尼，伴着一位白肤金发的异国女郎，停留在庄严的山门前，二人正在交谈着什么，女郎还不时拭着眼泪。

梦云见了这种情景，不由地把脚步慢了下来。他已直觉地感到，必然是庵主能净师太已获知了他们之间不应存有的情感，她在对康妮晓以利害得失，尤其此事关系着浮丘山一系的存亡问题。因为，梦云是浮丘山唯一的传人，虽然她也是其中的一脉，但是，平山庵的重要性远不如雷音寺；何况在法统的发展，师门的光大，法务的推动，都不是平山庵的比丘尼们所能担负起的重责大任！

近十年来，能净师太一直待这位小师弟如手足，有时像母亲般关怀他，照顾他，因为她深知这位小师弟的重要性，就以恩师所付出于小师弟身上的种种，无论是世俗的，出世的，说句过分的话，那已超出了父子与师徒的感情之和。那些心血、精神、时间，甚至物质的供给，虽然梦云的俗家是名利具备的大户，但是，怎也不肯沾染些许，哪怕是一件僧衣，或是学校里所规定的一事一物。就以梦云于大三规定住校，为饮食不便必须送饭的事件来说，恩师便风雨无阻地为他一日三餐送饭，除非有不得已的阻障，都是尽量不假他人之手的。

梦云慢慢地从沉思中醒过来，用衣袖拭去了欲滴的眼泪，趋步走向山门。

"大学士！怎么没有骑马？"能净师太抬眼见到了梦云，带笑地询问道。

"哦——"梦云匆匆下山，忘了那匹乌云盖雪的骏马，那是他俗家所豢养的马群最好的一匹，其次是康妮所骑来的小暖，他们上雷音寺前，特别借过来充当脚力的。虽然雷音寺也饲有几匹，但都不像小和小暖般是名种。他深深地记得，那是他当初出家时，父亲送给他的礼物。起先放在寺里豢养，由于饲料消耗太大，只好仍旧养在家里，随时可以供给他出门之用。他父亲后来又找到了小暖，一匹纯白色的牝马。

"大学士！入神了？"能净师太见梦云不言不语，像是跌入了回忆的过往。

"没有什么！到里面去谈好吗？"

此刻，梦云发现康妮的眼神中好像一片茫然的空白，连那蓝宝石般的眸子，也失去了平常的那份光泽。于是，他向庵主做了个暗示，便领先跨进山门，直趋庵里的客堂。

在客堂里，庵主招呼一声便入内张罗去了，剩下他们二人，相对地坐在檀木椅上。"云！师太把一切都告诉了我，而且令师的希望也由师太转告了我。"康妮黯然地说。

"师太对你说了些什么？"梦云追问道。

"算了吧！当我已经了解了一切，如果再说出来，便成了多余的时间浪费。"

"你——"

"好了！如今我什么都不想，只希望你送我回长沙。"

"康妮！人生的际遇，本来就是苦恼，所以我们佛家说：生为苦聚。虽然我们的相识是缺陷的结束，可是，在老境的回忆里，将是美好的一段。"

"我的记忆中是痛苦与失望！"

"时间与环境会帮助你的。"

"你此时此刻是平静的吗？"

"我也依赖时间与环境的帮助！"

"我——"

"好了！不是要我送你回长沙么？你在这里等我，我上山去取马。"

"不要去，想别的办法好吗？"

"嗯！这样好了，我们先去沧水铺，然后租马回长沙。"

"我永远信赖你。"

"可惜失望多于希望。"

"依赖也是希望。"

"所以哲人的理论，说人生是短暂的，像浮云片片！"

"我们走吧！我的心情——"

夜，洞庭湖的夜，像迷茫的梦一样。岳阳楼的东北，有一扁山，浮立湖上的万顷碧波之中。蒙蒙的月色，淡淡的夜雾，飘忽的秋风，把扁山衬托得格外迷离。

扁山之阳，一椽茅舍，柴扉微掩，从屋里泄出一丝昏暗的灯光，透过门隙，透过雾层，投射在庭院里，隐约地显现出两个影子，相对地盘坐在庭院中的青石板上。

"梦云！你已经超过了第一个求学的里程阶梯，紧接着将是你的僧伽生涯，另一个截然不同的境界。"

"师父是说——"

"汉阳归元寺就要传授千佛大戒了！"

"归元寺的戒同时要传法，您——"

"立明老和尚请我做羯磨。"

"可以例外？"

"你一个人！"

"这样能得戒吗？"

"在乎你自己。"

"要是如法的话，我有自信！"

"你就是太过自信，像四年大学念完了，你自信又得到了些什么？除了骄气之外，还刺伤了一个女孩子，以及沙弥身染多了一些秽气。"

有若两重棒槌，一是骄气，一是秽气，在梦云的意识里，像两桶冰水，使他顿然感到惭愧的痛，醒悟的冷。湖面送过来的秋风，也忽然变得寒冷了。

梦云是个天赋较高的沙弥，凡事不用太过详尽，只要是发生开来，稍微予以点破，他的感受便会像山洪倾泻。除了天翻地覆般的激荡之外，思维里必然是风暴雨急、雷动电闪的紊乱。一定要经过一番极冗长的交战，才会理出一个较为可靠的头绪来。

此刻，他便是如此的情景。

他，像在大雄宝殿中忏摩一般，合十长跪在他的恩师面前，两行连珠似的泪滴，道出了他内心里的惶恐，是那么样的虔诚，那么样的自然。

老和尚深知爱徒的心性，忍不住沉沉地，充满了情感说道：

"一根蜡烛一盏灯，必须要经得起风吹雨打，否则，烛灭灯熄事小，往后又以什么延续下去？何况风风雨雨，随时随地都有洒落的可能。为师于你所寄予的希望，你应该心领神会，不容或忘！"

"是的，梦云时刻不敢疏忽。"

"起来吧！谈谈你受戒后的计划。"梦云依言站了起来，擦了擦眼泪，然后盘膝坐下，小心地回答：

"为了遍参善德，我想戒期圆满以后，花三年的时间到处去参学。"

"想学善财童子？"

"跟随老参们跑一段时间，然后随顺机缘，希望能多经历一些，来磨炼自己的意志和心性，同时也可以锻炼一下身体。"

"以后呢？"

"尽一己所能，承担如来家业。"

"不要轻率发愿，既经发愿，便得尽形寿，竭其全力去完成，否则，便是佛戒中不容忽视的妄语！"

"这些年来，苦心求学，以至未来，梦云的愿望就是为此。我不敢说将来是否能光耀师门，但确信本着'学道、行道、殉道'的精神，纵然明知那过程必定有许多意想不到的遭遇，将也会以大无畏的'忍波罗蜜'功夫去圆满功德，以报答宏伟的四恩。"

老和尚听了这番话，照理应该衷心喜悦才对，可是所得到的反应是一声冗长的叹息，然后喟然说道：

"有时业障会消磨行者的锐气！"

"师父是说……"

"人生苦长，道心乐短，单靠一个'忍'字是不够的，能忍固然要紧，但必须要能化解，也就是说要能欢欢喜喜地去承受一切。譬如逆境生起时，首先就得冷静地去想一想，心平气和地自我分析与检讨。如果是自己错了，应该虔诚地忏悔；如果是误会，应该好言解说。如果是对方错了，应该责怪自己，因为逆境发生时的成因是'我'的执著，基于人人都有一个'我'，所以必须将心比心，处处以慈、悲、喜、舍的心意去化解缘境。这些说起来容易，而做起来可就困难重重。"

梦云听了这番开示，不经意地侧首湖水，整个的身心，正像湖上的夜色：蒙蒙的月，淡淡的雾，荡漾的水波，以及那深远无际的湖面，偶尔划过一叶高张白帆的行舟，和那与湖水争高下的跃鲤。

可不么？他的思维如月、如雾、如水波，在无边的沉思中，划游、跳跃——

他深知恩师的教诲，是人生经验中的现实问题，不可否认，也不容许忽略，甚至那将是必然遭受的问题。然而，自己未来的里程中，能否正如恩师所说，能够面对现实去欢欢喜喜地承受一切？如是，他于沉思中，不禁地发出了自问：

"我能够行菩萨道？"

"欲行菩萨道，先得有菩萨的发心！"

老和尚庄重而洪亮的声音，像撞响的警钟，击醒了他的沉思，也诱发了他的灵智。顿然间，他领悟到了些什么？

于是，他的思维又卷入另一个世界。

老和尚见状，微微颔首，立起身来，轻步走向茅屋。庭前的石坪上，剩下梦云与他的"静虑"世界。

大地在此时此刻，显得那样的微不足道，辽阔的湖面，深远的湖水，俨然是一个水的世界。梦云盘坐于扁山的这一茅屋前，沉浸在水世界之中，诚然，还不如沧海之一粟！

水，在佛教的理论上，是情与无情组合的四大因素之一。除此，还有地、火、风三大因素，由于四大的和合，而有诸般的体相，由是成之为"色"。如果四大失调，便将成之为病，如果缺少了任何一样，必定成之为死亡。最后四大分散，终究归之于"空"。因此，色与空的形成，只是聚合与离散的现象，在一个认识了佛法的人来说，知色如幻，知空如电，便无重于色空的体相了。于是，在人生的"烦恼与所知"因缘上，便会极其自然地舍色空之相惑，而究竟色空之真性，于烦恼中追寻菩提，于所知中了别谛义，然后起信、宏愿、修行、求证，于正勤精进中，圆满一系列的"因缘所生"诸法，觉悟诸法的生起，毕竟少不了千变万化的过程，是以，行者于"道"之前、之后，必须行深"般若"，如何去认识过程、处理过程以及圆满过程，这样才能获得"无上的正等正觉"之究竟地。

梦云身处水域，非为浮沉而任听生死，至少他依附于寸土之上，抓住了每一个过程，虔诚地于过程中去如何认识，如何处理，永远希冀于圆满，而达究竟的境地！

夜，渐渐地深、静、沉……

夜过了，将是一个什么样的明天？

夜，是会过去的，明天必定将会来临！

夜也好！明天也好！同样少不了有它的过程！但是，你是否去认识，是否去处理？尤其是，是否去圆满而达究竟境地？

因此，必须深深地了解，人生的过程，不必追忆那些已经过去了的，也不必计较那些还没有来到的，最要紧的是现在的时刻，每一个现在的时刻，你究竟在做些什么？

参禅学道，古德们说"平常心即是道"，所有事题物理的过程，如果能于过程以平常的心意去用心，那结果必然便是道。所以古德们又说"至道无难，唯嫌拣择"，把握住每一个现在，试想，那圆满，那究竟境地不就是属于你的么？！

梦云的思绪就像洞庭的湖水，波光粼粼，起伏不息。他有一份与生俱来的思考能力，如水与波的扬起，只需一阵微风。往往，他会不自禁地为某一些言语或事物，使思维沉浸于静无穷尽的思虑中，这大概就是造成他以后的僧伽生涯于上乘禅海的原因吧！

提到禅，老和尚在这方面似乎一直是费尽心机，绞尽脑汁，为梦云的禅里程铺路，几乎是时时刻刻的。当然，梦云在这方面的天分也很高，举凡"机锋"的把握，"灵智"的追踪，"因缘"的寻觅，以及境与体用的辨别，他都能当机立断，大刀阔斧地去加以选择或摒弃。

夜，是深沉了。

沉沉的睡意驱使梦云走入茅舍。夜，在荡漾的湖水中融和了。

又是一个旭日东升、大地苏醒的早晨。

洞庭的扁山，渔舟来去地穿过，有的在搜捕白鳝，有的在捞捉鱼虾，此刻，正是渔户们忙碌的时刻。

扁山之阳，一椽茅舍的石阶前，梦云的师父——钓水疯僧，地方上的人都管他叫钓水和尚，因为他垂钓湖畔，其钓无钩，仅有一竿一线，连个浮筒都没有！尝有人探询他，他作如此的回答：

"子牙直钩，老僧无钩，线竿随和，常为意陶！"

有时，他更朗声歌偈，意态怡然，偈言：

钓儿无钩为钓水，篓儿无鱼满清风，

人鱼同为自由命，何忍捕杀饱食神？

倘使鱼儿会说话，必责渔夫狠毒心！

老僧从来不说法，唯祈世间尽善人！

这天，像往常一样，老和尚垂钓湖畔，时而朗笑，时而歌咏，时而沉寂，乍观之下，确然是一种疯癫之态，难怪人家叫他钓水疯僧！他真是疯癫么？此刻但见他从鱼篓中取出来一只蓝花海碗，小心地放在石阶梯上，然后将手中的钓线扔进湖里，不一会，拉起钓线，将在线的水，像串珠般注入碗中，一次又一次地，直到碗中注满了大半碗清澈的湖水，他才回首朝盘坐在身边的梦云说：

"端进屋里去，这是一碗受午供时的鲜羹！"

梦云闻言，起先是无比的惊异，继而若有所悟地站起身来，双手捧着海碗说：

"五味俱全，尚差一味？！"

老和尚闻言，似是很生气，大声地斥责说："无有三德，何来六味？"梦云听了不服，将碗中水倒入湖中说："无如不如？还是留个空碗的好！"

"朝天之作，仍是轮回种子！"

"如何究竟解脱？"

"玻璃球着地，如果因缘是水与泥，必然所欲不得！"

"那就让它先入水后沉底！"

"仍然是有所为！"

"如何是有所不为？"

"你手中是什么？"

"碗！"

"拿着干什么？"

"……"

梦云恍然大悟，于是将手中碗轻轻放下，依旧结跏趺坐，伴在老和尚的身边。似是不经意地望着老和尚，再次钓水入碗，像串珍珠般，一次又一次地钓湖里的清水。

时光在沉寂中流动着。

钓线带起的湖水，像珍珠一样，一串一串的，在骄艳的阳光下，映着澄澈的金色，像皇后妃子的耳坠子，闪耀着！闪耀着！

梦云凝望的眼神，似是为那闪耀的光芒迷惑了。平静的思维，顿地激动起来，那么强烈，那么广博，那么深远，像天上舒卷的白云，停滞于蓝色的人虚，有若一座雄伟的雪山，显得那么圣洁，那样高不可攀！又像洞庭湖水，洋溢出宽大、柔和——

"可以端进去啦！切记莫要掺杂些许你自以为是好的东西！"

像一声清晰的磬响，蓦然把梦云的思维，从深沉中拉了回来。可是，他惊醒得太迟了，没有听清楚老和尚的话，忍不住追问道：

"师父！您刚才说的是什么？"

"唉！当面错过！"

"请师父再说一遍！"

"仍然自以为是！"

"徒儿不敢！"

"现在该做什么？"

梦云闻言，以敏锐的目光朝身前身后扫视了一下，然后起身取碗，把那盛满了湖水的海碗，小心翼翼地捧进茅舍。

可是，当他才行几步，老和尚突然响起一声怒吼道：

"回来！"

梦云听了，心中一动，停下步来说道：

"义无反顾，理所不容！"

"义从何起，理从何生？"

"如日东起！如水泻地！"

"日既东起，因何西坠？水归尘埃，因何天降？"

"生灭现象，识心分别！"

"识心分别之能为何来？"

"因缘而生诸法！"

"心相寂灭，犹如虚空，应无法可生！"

"心相寂灭，何来虚空之名？"

"起心动念之前如何？之后又如何？"

"如我手中碗，可破未破！"

"识心分别未舍！"

"……"

"思量即乖！为师的许你三年参学！"

"仍请开示！"

"顶门具只眼！"

"难！"

"参学就是历练！"

"承受折磨？"

"莫自讨苦吃！"

"智慧来自闻思修！"

"与天赋有交涉么？"

"心存傲气，至今未舍！孩子！这是你根智昭彰的最大障碍，千万要记住：'谦受益，满招损'的古训！"

"是！"

梦云听到"傲气"二字，心念间禁不住一阵颤抖，因为师父责他四年大学的成果，仅仅是"秽气与傲气"二者而已。如今，师父再次提示傲气未舍，可见这份障道因缘，在自己的"我"意识中，是如何的根深蒂固！

于是，他忍不住想到未来的日子，在千变万化的岁月中，事理人物，他的确没有些许敢言有"自处独立"的能为！亦如他在禅那的道途上。茫茫然，空寂加惆怅，怎能不叫他彷徨失措呢？虽然，年纪尚轻，可资参学的时日正长；但是，如果像过往的四年大学教育一样，那时，他将如何？如何！

此刻，他移向茅舍的步履是那样的沉重，像胸腔多重荷载的那颗"心"一样。

他，第一次发现自己原来一切都没有成熟！

归元寺是一处律宗道场，传戒的严谨，可以说是国内有名的，唯一缺陷是"凡求授戒法的戒弟子，必须承继法统"。也就是说，都要接"归元寺的法脉"成为其"法子"，倘使有所例外，那必定是戒坛三师的门下弟子。

梦云的剃度师是虚因老和尚，这年为得戒阿阇黎立明老和尚敦聘出任羯磨阿阇黎，自然，梦云也是例外中的人物。

此次戒期中开堂和尚是本际法师，际师的作风和三年前的"武阎罗"如出一辙，所不同的是香板与柳条少断了一些，在规矩和法则方面多教了一些，可以说是做到了"有学有揍"的地步。

五十三天的戒期，最后在大师父本际法师的眼泪与自责中圆满。因为，八十几位戒弟子中，有三个因病退出，两个打架受摈，一个失足落水淹死，四个畏"严"而"溜"，这是戒期中为所有引礼感到最是不安的"遗憾"事件，也可以说是归元坛场过程中少有的事。为此，听说本际法师待戒子们出坛以后，便也跟着负起背架子走了，传闻后来落脚在峨眉山雷风洞后山的山洞里，立愿一生隐遁潜修，镇日祈求忏悔，几乎为之目盲。

　　梦云当戒坛生活结束后，得流云、宝乘两位老参之助，以及随喜参学的戒兄仁慈、能持、洳达等师结伴行脚，他们的目的地是终南山，第一站以五台山朝礼文殊菩萨为优先。

　　五台山是国内四大名山之一，地属山西省的五台县，群山起伏，五峰高耸；五峰之上，林木稀落，犹如积土所筑，各峰约三至七平方公里不等，一片平坦，有若台状，所以叫作五台山。依贤首华严传载：

　　　　案华严经菩萨住处品云：东北有菩萨住处，名清凉山，现有菩萨名文殊师利，与二万菩萨常住说法；故今此山下有清凉府，山南面小峰有清凉寺。

蒋维乔居士的中国名胜五台山弁言：

　　　　五台山在山西五台县东北一百二十里，亦名清凉山，相传为文殊菩萨道场。五峰环抱，顶无林木，有如垒土之台，故名。夏时飞雪，曾无炎暑，故曰清凉。山左邻恒岳，右瞰滹沱，周五百余里，状如莲花；东南西北四台，皆自中台发脉，群峰连属，势若游龙，丛林大刹，皆在中台之下。僧侣分为青衣僧、黄衣僧，青衣僧即寻常之僧人，皆着青衣；黄衣僧则喇嘛也！各有著名十大寺，如显通、塔院、圆照、广宗、殊像、碧山、南山、风林、金阁、灵境等寺，青衣所住持也！菩萨顶、玉花池、金刚窟、镇海、罗睺、普安、三泉、七佛、寿宁、台麓等寺，喇嘛所住持也！喇嘛中有扎萨克住菩萨顶真容院，由西藏达赖喇嘛派来，六年一任，约束众喇嘛，职位颇尊。青衣僧则由各寺公举会长，处理公共之事。蒙古王公每岁朝山，布施甚多；闻纪元后，以关外道途不靖，来者较少，然香火犹盛。内地僧俗二众，夏时朝山者，亦络绎于途。

清凉山载之于佛经，依住山寺中的传说，五台又名清凉是一种讹传，清凉山应该是指五台之北台。因北台最高，挺然突出，海拔达三千八百公尺，为五台之冠。山势雄伟，浑然险峻，人迹罕至，每年四月以前，七月以后，皆见冰雪封满山谷，纵至炎夏，仍然清凉绝尘，所以叫作清凉山。文殊菩萨便是示现于此处的，也由于此，五台山中的寺院，普遍供奉文殊菩萨，唯各台所供者不同：如北台灵应寺供无垢文殊，东台云海寺供聪明文殊，中台演教寺供儒童文殊，南台普济寺供智慧文殊，西台法雷寺供狮子文殊；殊像院所供奉的驾狻猊文殊圣像，是五台山中最著名的文殊菩萨像，全身高约二丈有余，金相彩服，灿烂辉煌，泂然法相庄严，望而起敬！

梦云一行，这天由"老马"宝乘师一马当先，领着一群僧伽自台怀镇上山，径奔五台，入朝山的第一站——塔院寺。

塔院寺是以舍利白塔闻名，塔高十余丈，顶有铜质承露盘，周围挂有铜风铃，风过处，铃声叮当，传声甚远。过塔院寺往上行，便是飞檐入霄，红柱端庄的显通寺。此寺的特色是"无梁殿"与"铜殿""铜塔"，分建于大殿前后，纯铜铸造，雕塑精致。经显通寺登山，越过一百零八级的石阶，往上直达菩萨顶，石阶的尽头是一道牌坊，上题"灵峰胜境"，菩萨顶上的建筑，皆仿北平紫禁城的宫殿式样，古色古香，相传顺治皇帝在此处出家。

梦云等行脚五台，主要的目的是朝礼文殊大士，其次是参访广济茅蓬。所谓广济茅蓬，其实就是北魏时代所建的古寺，也就是现前的碧山寺。寺中雷音殿供有玉佛，文殊殿供有佛牙，国内梵刹供奉佛牙的尚有浙江阿育王寺，二者所供，意义不同，碧山寺的仅供人朝礼，阿育王寺的则供行参学的僧伽们，于戒牒上"印证"，为永久纪念。碧山寺另有一特色是藏经丰富，典籍中善本之多，堪称五台山诸寺之冠。五台山的形势，是东、西、北、中四台成一系列，成一大弧线，遥相呼应，势若游龙；南台较远，颇有孤立挺拔的样子，全山迤逦达五百余里，五台之间，聚集寺院最多，举凡显密二宗的大道场，泰半分布台怀镇附近。据说从前北齐时代，全山寺院有二百余所，到宋代被废后剩七十寺，最盛期间是明代，约有三百所之多，现存者尚有一百多所，其间属临济宗派下的达百分之七十以上，可说是临济儿孙布五台。其法系大部分为突空智板禅师的分系，与归元寺、普陀山前寺以及峨眉山相同。但后期中自月山智胜禅师开始，却另演支系了！像尊胜寺、金阁寺等，便是此系的代表者。

朝礼五台山的另一个愿望，就是住玉华严看佛灯。所谓佛灯者也，其实是五台山势的气流变化，驱使云雾与日月的光辉相映趣，而蓦然间所显现的幻景罢了。因此，老参们情愿在北山寺拜"华严字塔图"，也不愿挨受寒风冷露之苦。虽然，梦云等几位新戒曾一直向往睹见佛灯的神奇，但是，毕竟他们出身禅门，心意识间，最易接受"解惑"的说论，所以，得悉了其中真象之后，在五台山只作了七天之游，便随即离山向西行，往终南山进行。

一路上，栉风沐雨，有时还得餐薯宿冢，备尝"行"之苦。所幸同行的老参流云师达观乐命，加以见闻广博，不时畅谈国内丛林逸闻、名山轶事、参学掌故等，倒也解除不少的寂寞和疲劳。尤其是他那四川腔，配上幽默味，的确，无形中成了大伙儿的精神食粮。

说到流云师，他出身名门，是蒙山能海大师的剃度弟子，学密颇有成就。有一次，大伙儿夜宿林间，原本虫蚁蛇踪，不时出现脚前身后，到了深夜，是全都不见了影，后来宝乘师偷偷告诉梦云，说是流云师作密法的功效，据说已获得了能海大师的"白伞盖"及"大手印"法的真传。梦云深知宝乘师的修持与僧格，不是一个沽名钓誉的人，也很少夸赞他人，如果提到什么大德比丘，能从他的嘴里冒出来"善知识"三个字，那么，此人便不是普通人物了。由此可见，他绝对不是个信口雌黄的老禅和子。也由于这次的秘闻，几年后，梦云在蒙山结了六个年头的密夏，专研"梵、藏"二密，竟然成为能海人师的入室弟了，并且还继承了三年不得一见的衣钵法卷！

终南山地属陕西的华阴县，入潼关之后，在西南方向进山，沿途不时可以看到一座一座的茅蓬。有的是山棕作壁，竹枝作扉；有的是依树筑窠，仅容人身；有的竹篱草舍，精巧雅致；有的破败欲倒，难挡风雨。形形色色，散布崇山峻岭之间。

终南山的茅蓬，最多也最集中的地方要数南五台，的确是星罗棋列，满眼皆是。因为，南五台（山峰）地势较为平坦，土壤质松，适合种植，凡是潜居在茅蓬里的行者，几乎都择地而种，像甘薯、玉米、芋类等，成了他们的主要食物。因此，在这里参学的人，如果机遇好的话，寻得了大善知识，明知生活极苦，也乐意承受一切，置色身于道的意念之外！事实上，凡是行脚参学的人；发脚时，便立下了以之为磨炼心身意志的愿心，根本就不计较其他的了。

梦云等一行，这天来到了南五台，直奔虎石岩。

虎石岩下，一片苦苓树中，坐立着一间茅舍。竹檐竹扉，藤绕青葱，篱前一条石板小径，蜿蜒而至潺潺的溪边；溪上一座竹编的小桥，人行其上，如乘软轿，好在桥身不高，奔驰的流水，冲激飞溅，水花辄湿衣履。的确，行步其间，充满了叫人不知尘嚣之闹，一片洁净洒脱的境界。此外，岩石遍谷，花树点缀其中，丛丛杜鹃，正盛放着火红，参杂一些不知名的黄白小花，逗舞着狂蜂彩蝶。微啸的春风，划过杂树疏林的梢头，扬起阵阵如涛似琴的风声，有若曼妙的音乐。风、水、鸟、虫组合成的乐章，泃然是悠扬悦耳的天籁。

是画境。

是诗境。

是一处与世远隔的桃源圣境。

是虎石岩下。

是翠竹谷中（谷口一片翠竹）。

是演真老和尚的隐修兰若。

料峭的春夜，室外的寒气仍然逼人，室内生着一堆烈火，五六个被火光染红面颊的比丘，围绕而坐，盘膝挺胸。正中首座上是一位留着雪白长髯的老比丘，清癯的面孔，瘦高的身材，像一座嶙峋的肖像，低垂双目，法相庄严。他，便是名震遐迩的演真老禅师，此刻正从容不迫地在对梦云一行说法：

"方才我说，火为心识所生，看你们的心念中很是不以为然。其实，我们每一个人的心识，全都蕴藏了炽烈火种，各种不同的火种，像一粒粒的种子，只待机缘的融洽，因缘的遇合，就会如同黄河泛滥的浊水，滚滚沸腾，汹涌骇人，其势无法遏阻。"

受聆的人，一个个沉默不语；老和尚似是看透了每一个人的心念，接着又说：

"不信么？诸位不妨心平气和地静下来，无乱无妄，意念随着老朽的话语运动，排开所知的障碍，想一想：饥与渴交迫的时候，爱与情冲激的时候，烦与恼紊乱的时候，义与愤填胸的时候，仇与恨交加的时候。必然的，无不是炽烈的欲望之火。当那些火焰发生之时，很容易想象得到的，是毫不保留地宣泄出来，什么理智，什么修养，什么道德，什么慈悲，全都为欲火淹没失迹。甚至，明知是火，将与所得的和数是个一无所有的零字，也仍然任性地去从它燃烧！"

受聆的人，一个个似有所得，静静地，闭目沉思。老和尚稍微停了一下，轻启双目，神采奕奕的眼神在大家的脸上扫了一遍，然后接着说："心识中的种子很多，形形色色，有坏的，也有好的，有恶劣的，也有善良的。经中说：心生种种法生，就是这个道理。"

老和尚开示法要到此，梦云随即提出另一个疑问：

"古道有鹅出瓶的公案，未审老和尚如何得出瓶中鹅？"

老和尚闻言，顿启双目，凝视着梦云的脸孔，久久没有移动。只看得梦云心中急跳，一份不安的神色，尽形于白皙的面颊之上，含蕴于微红的涩情之中。

好一会儿，才以缓慢的口吻说道：

"虚空有云，是为自然的流变，水塘有鱼，不是人为的饲养，那么，瓶中养鹅，毕竟所为何来？"

梦云不识其中玄妙，以为老和尚顾左右而言他，心念间，顿然生起不快，但很快情绪平复，随之变得泰然，于是说道：

"不问瓶中为何养鹅，只问瓶中之鹅如何得出？"

"汝名梦云，试问梦中何来云体？"

"与瓶中出鹅毫无交涉！"

"梦云！"

"在！"

"瓶中鹅出也！"

"如何出！"

"应声出！"

"哦——"

老和尚见状，忽然大声吼道：

"不许乱道！"

梦云闻言一愣，继而回道：

"我未道！"

"发现了什么？"

"不许乱道！"

"哈哈哈……"

老和尚顿地发出一连串大笑声，似是获得了什么意外的爽心事。随即蓦然静止，挺挺胸，闭目不语，默默地结跏趺坐，置面前的参学者而不顾。

在座的宝乘师见了，轻轻地说道："好休息了，已是开静时刻！"

大伙儿各个结跏趺坐，闭目无声。

茅庵内一片无边的寂静，夜已更深。

翌晨，林间的鸟啼，随着飘忽的晨风扬起；潺潺的溪流，冲激着零乱的岩石，载着片片的花瓣，像绿衣使者，怀着人们的想思或祝福，奔向那些期待着讯息的翘望者。流水带着的是春的讯息。

春之晨，在此时此地，不仅是一首曼妙的组曲，也是一幅活生生的图画，令人醉陶陶的，心旷神怡。

梦云等一行，忙过了一顿红薯稀饭的早斋之后，征得真老的默许，在岩西的一片巨石旁边，动手搭盖一间简陋的草寮。出此主意的是老参禅和子，流云与宝乘二师的意见，原因是真老喜欢独居，顾及到能有一段长时间的亲近，不致影响老和尚个己的常课，另搭草寮应该是必要的。

参学者的草寮极其简单，利用横躺的巨石作地基，四面埋几根柱

51

子，顶端捆几根横梁，柱子的中间牵连几根竹子，然后用细小的竹子编成棚形的屋顶，将新割的茅草铺盖于棚面，再利用山棕的梗茎编制墙壁和门扇，从早晨到黄昏，集六人之力，分工合作，便能有寮可居，不为风雨霜露而忧了。

自己亲手编造的新居，虽然是因陋就简，但一份"自我"的欣喜，能掩盖一切，包含日间造寮时所割破的手指，划伤的皮肤，以及所有的流汗与劳动等的疲惫。

夜来，大伙儿鱼贯地走进真老的草庵，像昨夜一样，盘膝围坐，中间仍然燃着一堆柴薪。熊熊的火焰，照耀着每一个人的面庞，红红的，隐现出一种"道"的安谧和寂静，默默地，毫无些许尘俗之情，显得那样的自在、悠闲、洒脱！

"兰若已经完工了？"真老在无边寂静的气氛中，轻轻地询问着。流云师合十当胸，念了一声佛号算是回答。

"谁是阿弥陀佛？"真老的声音稍微提高了一些，流云师没有作答，宝乘师抬眼注视着梦云，那意思是希望他开口。梦云点点头，用眼光扫了仁慈、能持、泐达三位戒兄一遍，然后侧首向真老提出反问道：

"谁念阿弥陀佛？"

"你说是谁？"

"谁是？谁不是？"

"舍此，尚有以外的么？"

"有！"

"在哪里？"

"因缘和合之时！"

"知解是障！"

"无知解不是无智了么？"

"知解不障，其智更高！"

"如何不障？"

"在智的发挥！"

"……"

默然，室内的人，一个个跌进了沉思。

气氛是寂静的。

火堆中的火炭，爆出了火花。

那火花像闪电般掠过每一个人的眼前，消失在每一个人的意念之中。仅仅是那么一刹那，似清晰，似迷茫，有若大海里的波影。乍看，满眼都是水波，再怎也找不到那一闪即逝的影子——

一只白色的海鸥，像坠落的流星，划群波而过，隐现于茫茫的滔天巨浪中。白色的鸥影，白色的浪花，划过，飞驰！谁也分不出那白色的丽影，何者是鸥？何者是浪？

短暂的，迷茫的，是否，能令人不待于彷徨之中？！若有的，若无的，是否，能令人不沉于得失之中？！这就是禅的道路！看似平凡的。

这，也是禅境界！属于人人的。

但，可能走不通，甚至迷路。

但，可能疑不起，甚至错乱。

梦云等六个根基、智慧、教育、兴趣、意识，包含业的差异，在在都不相同的参学者，此时此刻，每一个体的心、意、识中，所含蕴的，可以说是完全的不同，是六个截然的类型。像海、海水、海波、海鸥等的追逐，概括地说，几乎都是沉浸于形象的变幻之中，很少有追觅"影踪"的！

影，追觅，能吗？

像古德所说的：火焰，植莲，能吗？

毕竟多事者尚有言句在：

"不是一番寒彻骨……"

经历，磨炼，行脚参学，原本的出发点和目的地，所具的不变易的内容，正是为的"这个"。自然，个人的资质并不足忧，最要紧的是确否在承受"闻、思、修"的历练？以及脚踏实地地去行履？

梦云似是深体了真老的"知解不障"其中的奥秘，默默地，凝视面前燃烧着的柴薪，那腾起的熊熊火焰。

真老见状，突然用深沉的语气击碎夜的宁静，以简短而有力的声音，与梦云作又一次的交谈，真老说：

"柴舍身。"

"人之智！"

"火焰？"

"暖！"

"明亮？"

"光！"

"解脱了？"

"不生灭！"

"本无事理！"

"起始于假！"

"缘合终散！"

"佛说无常！"

"你说？"

"晚学无说。"

"无说即是说！"

"如何是究竟无说？"

"无即是究竟！"

"无不是仍归于相？"

"凡所有相，皆是虚妄！"

"虚妄是无？"

"不是有！"

"何者是有？"

"缘合者是！"

"离于缘合，另有言句？"

"无！"

"是惑智？"

"断见非是。"

"是圣智？"

"源于梵语之阿。"

"是万法之母？"

"也是万理之父！"

"禅依之为圆？"

"其中舍相。"

"晚学常为相苦！"

"舍！"

"如何舍？"

"衷心自在！"

"如何自在？"

"不执不染。"

"不起心动念？"

"空亡不可！"

"随缘不变？"

"缘不可以舍。"

"依然执著，难除染心！"

"不变随缘，如玉沦污。"

"众生乃是业力所成！"

"业从何来？"

"无始以来。"

"谁与汝？"

"心识造作。"

"心在何处？识住何所？"

"觅心识皆不可得。"

"可以歇处休！"

真老至此语顿，敛目垂眉，室内再度归于寂静。薪火逐渐淡了，夜也深了。梦云等悄悄地鱼贯离去，走向他们新建的草庵。

峨眉山，是佛教四大名山之一，大行普贤菩萨示现的地方。地点在金顶，初建伽蓝时名叫光相寺，后改光明寺，最终则管叫金顶寺。据《方舆记》所载："自白水经八十四盘山，径如线，登跻六十里而至寺。"峨眉山地属四川省峨眉县，出县城西南方向约二十里即抵山麓。山脉起自岷山，冈峦叠嶂，绵延三百余里，其间突起三峰，世称大、中、小三峨，中有两峰对峙，犹若两道峨眉，因此而得山名。大峨古称牙门山，中峨叫作缓山，小峨叫作刃山；三峰一脉，岭峻岩险，交错起伏，广袤约达千里。山高海拔愈两万四千多尺，因此，登山遨游的人，虽然六月入山，必备单、夹、棉三种衣服。起初上山，天气是炎夏；至半山，气候如秋凉；至绝顶，俨然冬寒。所以，游峨眉，入冬不可以攀，高处常为冰雪封路，寒冻之风似刀箭，实非色身可以抵御得住的。

梦云等一行，在终南住了将近两个月，向真老告假离去。转西南，折向大巴山，入四川境，沿嘉陵江，走合川，经内江，乐山，然后入峨眉。朝行暮宿，跋山涉水，的确尝尽了无比的辛苦，踏破了无数的芒鞋，也参访了许多奇人怪事。就以离开终南，越洵阳，折向大巴山区，在魁斗山的姥姥洞里所经历的人与事，便够毕生难忘的了。

当时的经历是这样的：姥姥洞是一处钟乳风穴，在魁斗山之阳，洞深八丈有余，广约两丈；洞内左边陷入一小穴，悬于洞顶之端，乍看像一阁楼，沿洞壁凿有石阶，高二十级约两寻。

洞中住着一位头陀行者和一个十五六岁的小沙弥。头陀行者约五十岁，身强体壮，精神奕奕，说起话来语音低沉，很少展露和蔼的笑容，似乎"笑"在他是一种罪恶，平时很少说话，唯独对小沙弥特别迁就。老少二人分别起居，小的高居小穴，整天念诵金刚般若经，闲下来满山游荡，小嘴里不停地念着四句偈：

　　　一切有为法　　如梦幻泡影
　　　如露亦如电　　应作如是观

梦云等一行，能参访姥姥洞，便是在行程中为小沙弥的偈语所诱，尾随身后而寻得此洞的。

参学群中，宝乘师是禅和子，见多识广，聪明圆滑，从不开罪于人，也不占人便宜，是个颇有修养的苦行僧。姥姥洞之行，也幸亏有他，排除了不少尴尬场面。

小沙弥名叫灯炬，头陀行者管他叫"小洞主"，小洞主称呼头陀叫长毛叔，叔侄之间很随和，犹若相依为命的父子，甚至有过之而无不及！这可以从小洞主一些执拗的言行中看出，长毛叔总是逆来顺受，百般迁就，毫无怨言地承受一切。不过，小洞主虽然不时无理取闹，但心地善良，人也伶俐，尤其是长毛叔所交代的修持日课，不仅从不违逆，而且极为精进。即以静定的工夫来说，小小年纪，居然用不着督促，能够依时行持，认真修学，的确不是普通一般同样年纪的孩子可以做得到的。因为，在时间的流变过程中，不是一两天，一月两月，而是漫长的岁月中，时刻都是如此，听长毛叔说，这样的日子，已经是第六个年头了。

这天，梦云等随在小洞主身后，一步一趋，抵达了姥姥洞口。忽然，小洞主拉开嗓门，大声喊叫着：

"长毛叔！长毛叔！有强盗要抢咱们啦！快出来呀！救命哟！"

诚然，这是一个意想不到的局面，后果如何暂且不管，摆在眼前的事实，叫人不知如何应对才好！

小洞主的声音像是子呼母，很快地便引出来洞中的回音，不一会，人与声音同时出现在洞口：

"甭怕！有长毛叔在，谁也不敢欺负你。"

嘴里说着，一伸手，便把小洞主揽在怀里。的确，有如母鸡护雏，二人情感之深，实在非比寻常。

小洞主虽然被长毛叔揽进怀里，像只小猕猴似的直往里钻，但是，他似乎并非是为了见到陌生人而害怕，很快地又离开长毛叔的胸怀，转过身，叉腰挺胸地瞪着梦云等六个人，言道：

"喂！你们是干什么的呀？是不是行参访的？"

宝乘师慢慢向前移动了两步，首先合十向长毛叔打了个问讯，然后对小洞主说："小弟弟真聪明，我们是行脚参访的。"小洞主似乎为宝乘师的夸赞所动，当即回首对长毛叔说："来了！这些人是来找您的，与我无关，我走啦！天黑前回来吃饭！"话未说完，人已撒腿离去，隐约地，听到他朗诵金刚经四句偈的声音，渐渐地消失在丛林绿野之中。长毛叔微笑着摇摇头，然后肃客入洞。洞里，阴凉清冷，设有一张小桌，桌上供有一尊千手观音菩萨，金身粉面，剥落了好几个地方。一对燃余的残烛，一盏未曾燃亮的油灯，一节竹管代替了香炉，全部的供设都那样简陋。

梦云等一行入洞后，先在佛像前礼敬了三拜，然后又向长毛叔顶礼，但长毛叔没有接受，跟大伙儿相互礼拜。然后倒了些冷开水给大家解渴。入夜，深山里天籁悠扬，虫鸣兽啼，鹰号蝉叫，反而比白天来的嚣闹，要不是明月当头凉风送爽，仲夏的夜晚，真会带来太多的烦躁。

小洞主有一定的功课，独个儿早就躲进了壁洞。长毛叔与梦云等七人围坐在洞前的瓜棚下，水银似的月色，从瓜棚上漏落，投射在人身上，像是给人着上了镂花锦袍。夜露很浓，令人有点微凉的感觉。

宝乘等自参学以来，沿途都是推举梦云问话，其他五人偶尔插上一句半句的，从不多话。因为同行的人以梦云的资质和反应最好，他能随机答辩，不会招至善知识们所轻视；而且，由于梦云的机智，往往可以从善德们的开示中，获得更多想不到的好处。

此刻，宝乘师用手推梦云的身子，示意他赶紧问话。梦云微微颔首，清理了一下思维，正欲开口，却为长毛叔举手阻止，并说：

"咱有一个问题，小洞主说你们是强盗，可真是要打家劫舍？"

这真是从何说起？一个小孩子胡嚷的一句话，竟然拿来当问题，欲追求答案。

梦云毕竟是不同凡响，闻言之余，当即灵机一动，毅然回说道：

"必要时会杀人放火！"

长毛叔听了并未动容，追问道：

"随身带有火种吗？"

"有刀有石。"

"刀是凶器，石头最顽！"

"用之于匠，能造万法！"

"你是匠吗？"

"在学。"

"浑小子！在学就会杀人放火啦！"

"不！那在打家劫舍不成的时候！"

"咱这里别无长物，什么也打劫不到！"

"月圆十五夜，正好堵洞埋人！"

"住！浑小子！是谁调教你的？"

"家门不言德！"

"咱木赞你，吹什幺气？"

"多谢您的残茶剩饭！"

"猕猴摘包米（玉蜀黍），弄了半天，胁下只有两根！"

重重的一棒，像暴起的春雷，也像黑巷子里的闷棍，梦云的辩才虽然不错，但是，为长毛叔的残茶剩饭给堵住了，乖乖的，只好竖起白旗投降。长毛叔见状，暗暗点了点头，内心里有一份说不出的欣喜，回首朝洞里大声地说道：

"小洞主！快来看呀！好热闹哟！"

小洞主好像早就躲在一边偷听他们的谈话，闻言应声，很快地便来到了长毛叔的身旁；嘻嘻地笑着说：

"长毛叔！人家是客，咱们不能罚人跪香呀！"

此刻的梦云，心里的确不是味道。小洞主的话，有如针刺，令人既痛又痒，倘若不是为了道业，以他那份与生俱来的傲气，早就沉不住了。

不过，梦云毕竟出身名门，虽然傲气挺盛，但一份求道若渴的虔诚之心，也相当的强烈。何况他此次发愿参学三年，原本就是为了降伏自己的傲气！

长毛叔似是看透了他的心意，语带讽讥地说：

"你不是要打家劫舍么？你不是要杀人放火么？你不是要堵洞埋人么？起来呀！"

梦云听了，心念一再激动，俯垂的头，几次想要抬起，却 为一种说不出来的压力所阻，默默，尽量在抑制他的情绪。

长毛叔见了，不但不放过，蓦地站起身，拉着小洞主的手往石洞中行去，行前，还狠声地说：

"勉强！压制！忍辱就是道吗？哼！浑小子！大伙儿为你受罪！"

说完，气虎虎地对小洞主说道：

"走！咱们进屋里去，关起门来睡大觉，是防盗的最好办法！"

果真，二人进了洞，用木栅挡住洞口，便消失于阴暗的洞中。

瓜棚下，六个人坐在原地一声不响。

夜，在皎洁的月光下，显得有些朦胧，山岚掀起淡淡的雾，像拉起的一道轻纱；四野归于寂静，好像林间栖息的禽兽爬虫，都已疲惫地睡去。

无边的静寂，就好像是大伙儿的心境：空洞洞的，有点凄凉。

夜，有若茫茫的大海，瓜棚的几个行僧，像是弃危舟而浮沉于海面。尤其是梦云，平常自认诸般超人一等，而今沉沦不起，连划游的力气也没有了。

他，像瘫痪了似的，也像败了的公鸡，只差没有剔羽啼咻。

宝乘是老参，无论是经验见识，都在同行者之上，此刻，他深知梦云的心情，于是站起身来，对梦云说道：

"起来！我们到林子里走走。"说完，不待梦云回话，便伸手拉他起来，连拖带扯地挽手而行，朝朦胧的夜色中走去。行不多远，宝乘开口说："懊丧吗？不要忘了我们出门是为了什么！行参学必须要经得起磨炼！"

其实，梦云不是不懂这些，他是懊恼自己太窝囊。十几年的僧伽生涯，与恩帅朝夕相处，晨昏受教，照埋应该个全丢人眼，可是，当事实临降面前，无能应付裕如。他想起十多年所受的僧俗教养，不禁发出一声长叹说：

"在知识与经验的分量上，原来自己根本够不上秤；在道德与修养的境界中，原来自己还不曾跨进门坎。想想，三年的参学中，会不会一无所得？"

"不要泄气！以我们几个人来比较，数你最高最深，如果你还感到不安，那我们该怎么办？"

"不要再损我了，我已进一步地认清了自己，够惭愧的了！"

"知道满招损固然是美德，但如果沦于自卑，仍然不是聪明人！"

"自卑？"

梦云的思维，顿然像电光火石般在脑海里急转，"自卑！"一连串的疑问，使他失去了主意。原先的自责，如今的恐惧，像沉重的负荷，压在他的心坎里使他喘不过气。因为，已经拥有的二十一个寒暑，在其记忆中还找不出自卑的痕迹来。如今，一旦蓦现于前，就像是飘渺的禅，为修禅者所发现，他必然地会生起下意识的冲动，牢牢地想去抓住它。虽然，那不一定是具有价值的，但缘境之惑，逗引着欲望，自然生起能所，也就欲念炽烈，但图经过一番体验，心甘情愿地去承受那份是快乐理想，或是痛苦失望。这，便是人类中独特的所谓"满足欲"的情怀。

二人沉默了好一会儿，正欲往回走，长毛叔忽然像幽灵似的出现在面前，瞪着一双铜铃眼。魁梧的身体，粗大的手臂，就像是一只大猩猩，挺立在狭窄的山径当中。

"往回走？咱们谈谈！"

声音不大，清晰有力，具有令人不敢抗拒的威严。梦云与宝乘相互望了一眼，随即依言往石洞的北边林间行去。

一路上谁也没有讲话，踏着皎洁的月色，行行复行行，终于来到一处断岩，已无前路可行，才停住了脚步。

长毛叔首先席地而坐，结跏趺，捧弥陀印，微目低眉，顿然变成了另外一个人，庄严的法相，透着令人肃然起敬的气质，使四周的气氛也变得严肃了。

长毛叔朝二人打了一个手势，示意二人坐下，然后吐着缓慢的语句说：

"境从缘生，缘由机发，机起自心，心生念动，惑如影随；因而导致能所变化，展现爱厌善恶等情欲，此即所谓众生的无明烦恼。如果，缘境惑断，提起正念，不为思绪所左右，那么，必然能所俱泯，自在洒脱，无事没有不可以成就的了！仁者，佛境如是，佛果亦如是！"

梦云听了这一席法要，和宝乘师不约而同地频频点头，眼神间流露出无比的感激之情。同时，如此的法要，竟然发自一个僻居山洞中的头陀行者，几乎叫人不敢置信。好在宝乘师是个老参，见多识广，随即用虔诚的口吻提出问话：

"古德有立竿见影之说，方才您的开示有如立竿，后学等承蒙加被，的确也见到了影子，但是，不知应如何使得此影不失？"

"立竿者并非是我，乃知见之所至；见影者亦非是你，乃识心之分别。若欲不失，运用识心，离于知见，亦如口渴欲饮，理当如何？"

"饮水。"

"凡水皆饮？"

"洁净者是。"

长毛叔闻言，似乎并不满意，抬眼望着梦云询问道：

"你的看法？"

"能止渴者，不一定是水。"

"思量中得来，仍属知见。"

"不思量，识心不起。"

"何如分别？远胜知见之解。"

"分别则偏，知见则着。"

"世间有不偏不着的吗？"

"出世间有。"

"何者是？"

"智慧是！"

"你有智慧吗？"

"人人都有。"

"何生差别？"

"业力所至！"

"谁无业力？"

"有轻重之分。"

"何以故？"

"缘境。"

梦云的话刚出口，内心里蓦然一顿，一颗心像欲脱腔而出，周身的血液奔腾，掀起激动的热，有如炎阳灼体，浑身在此夜深的清凉气流中，竟然不禁地冒着汗水。灵明的意念，顿地驱使起身胡跪，合十顶礼，感激泪涕地说：

"后学衷心感德，予以醍醐活命。"

长毛叔点点头，随即站起身来说道：

"这不是悟，只是如水止渴而已，明晨离去时，不用告假了。"

语毕，转身离去，很快地消失于林间的暗影里。

宝乘师等长毛叔走后，心中有一份禁不住的喜悦，朝梦云用敬佩的眼光凝视了一会，然后感慨地说道：

"多少年来行参学，可以说一无是处，此番有你同参，将会受益无穷！"

"又损我了！"

"非也！行讲经验，参学在发问，咱有经验，你能发问，不是鱼水相得么？"

"好啦！该回去养息了。"

二人载着轻快的步履，回到姥姥洞前的瓜棚下，但见流云师等已经酣然甜睡了，或者说入"养息"三昧了，因为，大伙儿都是盘腿打睡的哩！

翌晨，东方亮着的启明星，钩起了满天的鱼肚白；淡淡的曙色，拥着山间的鸟唱，沉沉的夜，已不知消失何方，展现在人们的眼前，是另一个新鲜的时辰。

梦云等一行，迎着晨风，踏着露水，悄悄地离开了姥姥洞。隐约间，听到小洞主在嚷嚷道："长毛叔！您又遭强盗抢了，尔后还能留下什么给我呀？"

没有长毛叔的回音，引起一连串响彻山野的笑声，长久地，断续地，愈离愈远。

梦云等一行离开了魁斗山姥姥洞，几经跋涉，历尽艰辛，终于到达了普贤菩萨的道场，也正是中国佛教四大名山之一的峨眉山。

朝峨眉的入山口有两处，一是龙门洞，一是报国寺。行脚僧登峨眉大都走报国寺，遇午前，可先往赶斋，傍晚，则挂搭一宿，极为方便。

这天，梦云等到达报国寺，刚好赶上午斋，结斋后，向知客师顶礼告假。出报国寺登山，先经伏虎寺，然后过解脱桥，山势趋上，渐全峰顶。峨眉全山，除突特的三座主峰外，几乎一片岗峦叠翠，波波相接。游山者攀登之时，虽然是翻山越岭，有一山比一山高的感觉；尤其是山色朦胧，山峰飘忽，以及那四山猿啼鸟唱，令人不禁生起红尘浊世，污垢嚣闹，与之相较，非仅是山明水秀，雅致静谧而已，往往会逗人思想，舍世遁隐潜修的意念。

峨眉的寺院庵堂，平均约三五里便有一座，其间还掺杂些三清道观；林立的伽蓝，不仅供朝山者参拜，同时，也是游客们歇脚的好地方。其次是黑龙溪峡一带的别有天地，出峡登坡，树木扶疏，清秀翠丽，林木间岩洞奇多，迂回幽邃，虽不似蜂窠燕室，也是"千疮百孔"；着盛名者要数雷风、湘子、九老、伏羲、女娲、鬼谷、神仙等洞。雷风之奇，在风起雷响，云雨时出，传闻中说，雷神常住其中。九老之奇，在猿猴栖息，结队成群，辄向游客索食，从不畏人。一般岩洞，多为道士隐者所居，间或也有苦行僧侣，住洞潜修，即以八仙中韩湘子成道之所的湘子洞，便属无门老人所居，而且改湘子为无门洞。时久人去，逐渐变成了行脚僧的"云水洞"了。多少苦行禅和，不时遁隐其中，度着他们的"静虑"生涯。

经洪桩坡，过九九倒拐，上钻天峰，其尽头便是著名的洗象池。相传普贤菩萨乘六牙白象登峨眉，当时洗象于此；此处猢狲之多，乃在全山之冠。出雷风洞，越七里坡，仰天瞭望，最高处，一片银色世界，正是名播遐迩，壮丽巍峨的金顶寺，古时称作光明寺，乃后人依其境相而命名的，因金顶之上，常放光明，色泽灿烂，漫布山顶；顶上有金殿，殿前月睹光台，伫立台上，西望大雪山，一片如雪堆砌，迤逦耸立；台前崖下，山峦起伏，怒涧流泉，日间，云海茫茫，霭霭朦胧。午后，云成银涛，白银万顷，渐渐由谷升起，与空中流云融合，绵延荡漾，恰似一片琉璃世界，立于睹光台上，顿然身处光海，透体舒畅。如果，适遇晴朗天气，光海中蓦地浮现一轮圆光，暴出绚丽霞色，有若七彩瑰虹般湛妙；台上人，影随光起，影动光回，俨然沐浴佛光之中，堪称人天境合，宇内妙绝之胜。此种情景，唯有身临其境的人，才能尽体其中之妙，一般朝山者，谓此光景，叫作摄身光。

金顶寺中供奉普贤菩萨，法相结跏趺坐于莲台之上，头戴金色黄冠，身着赤金袈裟，宝石镶嵌其间，光泽生辉，炫人眼目。凡朝峨眉者，此一菩萨道场，乃是必须参拜祝愿之所，尤其是发愿朝山佛子，自报国寺，三步一跪，五步一拜，必到达金顶，朝觐了普贤菩萨的法相才算功德圆满。

峨眉另一奇景，就是"万盏明灯朝普贤"，所谓明灯就是寺僧们所说的佛灯，或者说是神灯。佛灯并不常见，如果月亮好的话，朝山时，可能看到这种瑞相，一旦有缘得见，便是"福报"无边。

梦云等一行，这天来到峨眉，似乎是虔诚的道心所感，或者说是福缘遇合，居然大伙儿守到午夜，分享到这分瑞相福气（当地僧侣称之为福气）。午夜，明月像把弯刀，湛蓝的夜空，显得清澈明亮，皎洁的光辉，投射在众峰群谷之中；忽然，峰谷间，升起晶莹万点，像现代燃起霓虹珠灯，悠游飘忽，莹光辄合还离，更像一股庞大的萤火群，挟带着闪烁的晶亮光芒，一会儿聚集成团，一会儿散布如星，游荡于山峰谷壑之中，飞驰奔骋，越来越多，蓦然变成了一片令人眼眩缭乱的"灯"海，缓慢地移向金顶寺前的陡峭悬崖之前。

值此时刻，金顶寺的僧侣，顿然击钟召集寺众，钟鼓齐鸣，殿里传出一阵阵"南无大放光明佛菩萨"嘹亮唱佛声；令人不禁同生庄严肃穆之感，举凡与会的幸运者，无不胡跪合十，随声应和，虔诚高唱佛菩萨号；同时，内心中也毫不犹疑地咸信"万盏明灯"，结队朝拜普贤菩萨！虽然，多少人认为佛灯的形成，只不过是山间所蕴之磷矿，因有月光与气流之作用而生变幻；但是，怎也抹煞不了佛弟子的一片虔诚心意，或者是冲淡朝礼峨眉、参拜菩萨的热忱！

奇景过后，东方已升起了曙色。天，渐渐明亮了，万物又回到了原有的活动声，启开另一个令人充满希望的时辰。

梦云等一行人在寺中用完早粥，怀着无比的欣悦告假下山，把行脚的指标方位，转向另一个里程。

他们下到半山，踏入了龙门洞的主山跃鲤山，经过回龙坡，到七棵松是晌午时分。大伙儿在松林的岩石下卸下了背架子，用奔流的涧水洗了一把脸，略稍喘息之后，才分食干粮，充作午斋。

梦云此刻，心底一直为一个问题在思维，也可以说是他要来七棵松的目的。那是他住天岳山沙弥园之时，他们的园长无相法师，当他离园回浮丘山的前夕，无相法师与他作过一次恳谈，虽时隔十年，但此时此地，触机而发，仍旧是那样清晰，尤其是沙弥园的种种。十年前，他年仅十一岁，由于他师父要回北方办些私事，所以将他暂时安置在沙弥园寄读。

天岳山的沙弥园设在梵音寺的后山，左边靠近罗汉山菩萨洞，右边是幕阜山山脉逶迤至汨罗江上游的游龙岭，沙弥园便是设立在幕阜山主峰——笔架峰之下，梵音寺的开山祖师本昼老和尚管它叫三宝峰，代代相传，笔架峰已渐渐为人所遗忘，取而代之的是名副其实的佛教圣地八小山之一的小南天，天岳山（地志上名幕阜山）梵音寺的三宝峰，沙弥园的地势较高，三面环山，尽是陡峭的岩壁，四面溪流围绕，罗汉山倒悬的观音瀑，匹炼银辉，雄伟绮丽，漫洒的飞瀑，尽纳入甘露池，然后溢流奔驰，沿溪床绕过梵音寺后面的长老寮、方丈室、慈云堂（特别身份的朝山者住处）而至游龙岭的绝岩处。其次是三宝峰主峰之下的"龙吐水"，龙吐水不像观音瀑，是一处奇岩深陷的地方，凭空突起一块岩石，形似龙首，龙嘴朝天，一股经常不断的清泉，从龙嘴中吐出，然后注入溪流，与甘露池的东北流向相会合，绕着三宝峰的峰麓，奔向游龙岭绝岩，和观音瀑的水，成一股巨流。

顺游龙岭而下，而达三闾大夫屈原投河表志的汨罗江内。沙弥园便是位处这样一个风景绝妙的山谷里，寺里的人都管它叫"水帘洞"。因为谷中所住的尽是五岁至十六岁的小沙弥，一个个天真无邪，童心活泼，就像是一群永远不甘寂寞的小猴子。其实，此谷不同凡响，乃是开山祖师寂灭之处，正确的名字叫作"小南天"，佛教列天岳山为八小山之一的小南天，便是渊源于此。

沙弥园常住的小沙弥八十多个，负责照管的比丘，除了园长无相法师以外，尚有两位监察师，两位教师，和一位五十多岁，左脚成瘸的老沙弥头。此外便是大寮与库房的一些职单，总合起来，将近百人之数，乃是天岳山所属三园（安养——住七十岁以上的老比丘。如意——住病苦的比丘）之一的特殊地方。

园长无相法师出身隐秘，谁也不知道他的家世渊源，只晓得他是河南洛阳人，时年四十又七；从他的言行举止上看，是一位教养极深，文事武功都具心得的才俊之士，要不是眉宇之间隐现着轻微的颓丧之情，他几乎可以跟寺内的宿耆比丘，相较学行与德养之长短，谁也不会想到他只是个刚出家才三年的初学比丘！

无相法师与梦云之间，在辈分上梦云要高出一大截，就是无相法师的师父，天岳山的山主通彻老和尚，算算也差七个字，论年龄，无相法师长梦云整整三十六个年头。但是，二人的相处，是一种前世有缘，今世相约的情谊，彼此之间，打心底产生出一份互相敬爱的亲切之感。

那天夜里，沙弥园已入大静时辰，园长拉着梦云走向甘露池，二人相对地盘坐在巨石之上。巨石的名字叫作涅槃石，卅山祖本昙老禅师便是在此石上入灭的，涅槃石的命名，乃三代祖恒悟老禅师所取。

无相法师朝梦云看了好一会，然后用亲切的口吻说：

"明年开春我打算到峨眉山去隐修，成败将以十年为期，到时候你也是受具足戒了。戒后的初参期间，我在峨眉的七棵松等你，希望你助我一臂之力！"

梦云才是个十一岁不到的小沙弥，听了这些令人茫然的话，心里感到怪怪的，于是反问道：

"我能帮什么忙？十年以后，刚好是我受大戒的时候。可是，不一定就会去朝峨眉呀！您说得太远了，太不可靠了！"

无相法师闻言微笑了一下，然后说：

"这是我的计划，也是我的安排，到时候不是你会不会去；而是你去了之后，不要把我拜托的事忘了！"

梦云童心未泯，心里顿然生起"有趣"之感，当即回应道：

"我一定不会忘，只要您算的准！"无相法师闻言，好像心底放下了一块大石头，顿然之间，眉宇中隐现的那份颓丧消失了，起而代之的是轻快的表情，连忙抓住梦云的一双小手说："好，一言为定！"事隔十年，梦云自从行脚的步子，踏上了峨眉之后，便一直惦记着这件事。他来到了七棵松，把四周的环境巡视了一遍，可是，他没有发现一茅半舍，也看不到寺院庵堂，他想不出无相法师的藏身之处，应该是隐匿在什么地方。

宝乘师冷眼旁观，知道梦云心中苦恼，先和流云师轻声交谈了一会，然后才走到梦云身边说：

"七棵松四周无人住，但流云师曾听人说，好像沿着这条溪水往下游不远的地方，有一个土洞，咱们不妨去看看！"

梦云闻言，衷心兴奋，捎起背架子说：

"走！寻活菩萨去！"

一行人顺流而下，踏着乱石与杂草，转入一条羊肠小道，来到一座长满杉木和苦苓树的黄土山，小径通到山脚便没有了去路，矗立在面前的是一棵庞然粗大的苦苓树，巍峨茂盛，遮盖了天上投下来的每一丝阳光，阴冷还带点森冷之气。盘根错节，占地极广，粗愈人身的老根，直透土山之脚，大小零乱的根须，分散在山的一片凹坡之上，无形中编成了一个天然的土洞，小径的尽头，正是土洞的门口。

土洞前，是用竹枝编制的围墙与窗门，没有篱笆，没有庭院，没有花木；石前只是像溪流的两岸，尽是一些乱石和杂草。此刻，竹编的门扉紧闭，冷清清地，加上苦苓的枝叶所形成的阴气，的确，那长满绿苔的门墙之内，真叫人不敢想象，会隐居有什么苦行的僧侣。

梦云见状，不敢贸然呼叫，走近门扉，用方便铲的木柄在地上震响了三下，然后轻声地问道：

"请问里面有人吗？"

静静地，土洞里毫无反应。

梦云连续呼唤了三遍，才听到里面发出一句佛号声，但仍不见有人走出来。

于是，大伙儿在洞外商议了一会，最后决定破门而入，以观洞主人的究竟。前面由宝乘师与流云师合力启门，谁知看似门扉紧闭，却是应手而开。

门启处，洞内散放出一股霉湿气味，清凉的山风自门外飘进来，才使人的呼吸舒畅。梦云透了口气，举目朝洞内扫视一遍，但见四壁皆空，无什么物，几件行脚僧常用的衣物吊在进口的竹门上，一个散裂了的背架子，堆在地上已经腐蚀了。洞的右边，几块烧黑了的石头，上面架着一只铁锅，几只碗盘和瓶罐散落一旁，看样子，似是很久不曾炊食了。

洞中央，是全洞最奇特之处，也是最引人注目的地方。此刻，宝乘师等早已包围在那里，断续地问答，奇特的内容，像是两个不同世界的人，在做着发音相同的交谈，只是答话的人声音显得微弱，沉沉的。

梦云趋步向前，但见大伙儿围着一个泥土裹身的怪人，从头到脚，相现跏趺禅坐，尽是泥封土包；若非此刻双眼吐睛，嘴唇掀动，的确叫人分不清是泥塑的菩萨像？还是土捏的禅人影？梦云见状闻声，无法辨别，是否就是十年前天岳山的沙弥园长无相法师？他走近泥人，蹲下身，合十问讯，轻声地问道：

"您就是无相法师？"

泥人闻言，似是为这问话的声音而动容，脸上被泥封了的皮表面，纷纷剥落散裂，一双原只微启的眼睛，此刻随着两眉掀动而睁大，吐露出慑人的神光，有如两道电闪，不威而严，紧接着唇启嘴开，说道：

"无相本是相，如何无相？"

梦云听了，遥远的记忆，顿然缩短了十年，不由起身直立，合掌当胸，向无相法师顶礼致敬，然后说道：

"新戒初学，还望老园长开示。"

"十年前的诺言，不是求我！"

"十年后的修养，理应接引！"

“毕竟诺言在先！”

“清晰如昨日，叫我如何做？”

“相见有缘，但求诸位仁者慈悲，为无相砌石成棺，堆土成墓，莫让野兽撕肉啃骨，则功德无量无边！”

大伙儿闻言，不约而同地念了一声佛号，表示皆愿效力。

梦云并且诉出心意，虔诚地说道：

“老园长潜修十年，必然功成业就，已许舍报之愿，祈求不吝开示后学，有轨可循，有范可效，将来圆成菩提道果，则我等幸甚！”

“过奖了！避世离尘，但求自度，私心之罪不可逭，唯愿三宝慈悲加被，衷心感激不尽；实无德能，说轨标范。如果一定说有什么，无相仅能道出一个‘勤’字，算是此十年来依之得度的要诀！”

“勤能补拙，古之明训，大师依之得度，后学等依之为轨范，岂不是相得益彰！”

“时辰已是不多，诸位慈悲，就请搬石运土吧！无相告假了，阿弥陀佛！”

这真是令人不可违逆的一刻，大伙儿默然出洞，先在溪边搬运石头，堆积于大师的身前，待石头收集得差不多了，才由梦云与宝乘二人，一块一块地把无相大师围起来，前后左右，堆至头顶，像是一座小石山。然后，大伙儿用方便铲，就洞内靠墙壁的地方，分别挖掘泥土，用各人的竹笠做畚箕，小心谨慎地加盖在石头的上面。经过大半天的忙碌，集五位行僧之力，总算是把功德圆满了。

就这样，由一个泥人而成为一座小石山，由小石山而成为一座土坑，高广约有八尺见方，建筑得非常结实。最后，又找到了许多树枝竹子，重新把洞口的围篱编制修补一番，并且在门前篱脚种植了两排锋利如刀的茅草，作为土洞的掩盖。

73

一切工作完成之后，可惜无法雕石成碑，留下记载，唯一能做的，只有在门前地上，用白石子排列"无相大师全身舍利之洞"等字样，以供短时间有缘来此凭吊之识，时久境迁，草长土掩，必然是字殁洞隐，找不到痕迹的了。

这，正是不同于凡俗之处，所谓来得清楚，去得干净，真的无挂无碍哩！梦云等一行人，将无相大师的后事处理以后，天色已是暮色苍茫，经人家商议一番，决定伴守"舍利洞"一夜，算是"两利"之功德，冥阳相聚相享。夜，带来了新月，和那漫天的星星。溪流，仍在奔驰着，听不到呜咽。山野，偶尔传来声声猿啼，令人生起轻微的惆怅。梦云等六颗行僧的心，在分别跳跃着不同的音符，活动于如幻似梦的思维之弦上，宛若琴键上扬起的音韵，是复杂的音符所组成，响亮着变幻的抑、扬、顿、挫之声。

那是一首感慨之歌，充满了策励的气氛，隐现着学佛行者所向往的远景。夜，终归是要消失的，又是一个阳光普照的日子，像舞台上拉起了布幕，鲜艳的日轮，从东山冉冉升起——

梦云一行人，在溪边洗漱了一番，然后以溪水当汤，用了一些干粮，始整装出发，往山下行去。

他们的下一站是西藏。

下山时，由于各人的环境与愿心不同，出峨眉，往西，越大渡河，直奔西康道上的，已只剩下宝乘、流云二位老参禅和，及新戒梦云等三人了。

过了大渡河，便是西康地界，无论是风土人情与习俗，几乎像是另一个世界。最显著的是寺、庙、殿、堂、院等，的确是随处可见，像三国时代人物的神殿，黑教的殿与堂，红黄喇嘛庙，沿途上，自飞来峰，下打箭炉，经康定，奔西南，似乎神佛寺庙与尘俗宅第竞高低。此外，另一个特色是：

"女人的盖头，牛马的屎！"

梦云等三人在一些较为清净的寺院，断续参访了几位知识，包括大喇嘛在内，可惜，除获得一份滋养色身的斋饭之外，根本就找不到有助法身的妙味。

在路上，梦云的心底里禁不住生起疑惑，向宝乘师问道：

"你去过西藏，拉萨的三大寺，是不是也跟西康一样？"

宝乘师摇摇头回答说：

"当然不一样！"

"说说看！"

"无论是规模、教法、轨则，都足以代表密教的一脉。"

"对了，说到密教，以您的经验，如果想学密的话，能指点一个去处？"

"这就很难说了，日本的东密、印度的梵密、西藏的藏密，几乎各有所长。"

"以国内来说，当前的密宗大师，应该数谁最好？"

"到目前为止，四川的能海大师，是学密行者可亲近的大德！"

"如果到西藏学密，会有什么样的困难？需不需要人推介？"

"如果通西藏语，只要虔诚修学，似乎还不曾听说有什么苛求。"

"西藏语难不难？"

"不太好学。"

"以你的智慧，应该很容易！"

最后一句话是流云师补上的，短小精干的他，参学老练，有些骄矜，从来不服任何人，把什么事都看得不在乎，好像天塌下来也不过如此。可是，对梦云是例外，一方面由于梦云不仅仅是个大学生，的确有他货真价实的本钱，使他打心底不能不服。就好像"老参"禅和群中，对宝乘师一样的佩服，在他的心目中，这两位特殊人物，他怎也找不到可以挑剔的地方。

梦云听了流云师的赞叹，忍不住打笑着说：

"凭您语言专家一句话，老梦不能不生起信心。"

"损我了！"

"不敢！"

"不赶也得赶，拉萨还远得很哩！"

宝乘师的一句笑话，结束了二人斗劲儿，三人六条腿，在通往西藏的官道上迈步，夹着来往客商的车马人嚣，使三个行脚僧反而显得从容寂静了。

西藏，在人们的心目中是一个比较神秘的地方，尤其是"喇嘛"，在佛教僧伽中属于特殊地位的一群。在西藏，喇嘛的地位，位列上级中等，其生活、权势、享受比一般地区的僧伽要高。

藏传佛教有"宁玛派""萨迦派""格鲁派"以及"噶举派"四大派。各派的兴衰，几乎是一种"革命"式的变迁。宁玛是藏语，意为"旧"，又称红衣教，乃西藏最早的一个教派，此派始祖是"莲花生大师"，原为西印度著名学者，约于唐景元年间入藏，未三年，莲花生大师德养兼备，恩泽众生，藏人仰为救世主。可惜后代门徒，渐渐流于奢侈，骄妄淫逸，无所不为，终至丧失佛教清净肃穆、庄严慈祥之本旨。于明代以后，有宗喀巴出，改革创新，整顿流弊，定戒律，禁娶妻，尚修行，时久，成格鲁一派，也就是黄衣教。萨迦派，因其寺院围墙涂有红、白、黑三色花条，故又称花教。该派有血统、法统两支传承，代表人物有"萨迦五祖"。另一为噶举派，"噶举"藏语意为"口授传承"，又称白教，乃兴起于红教衰败之时，也就是白衣教派，基于势微人少，黄衣教兴起之后，不久即趋没落。

西藏的寺院有一千多所，喇嘛约三十五万人，寺院最著名的有拉萨附近的哲蚌寺、色拉寺和甘丹寺，三大寺的历史都很悠久，规模也很宏大，均具有参政的权利。以喇嘛的人数论，哲蚌寺内约有八千左右，其次是色拉寺，约六千左右，甘丹寺也有四千之数，是西藏的政治与商业中心。不过，达赖并不住在三大寺中，他的起居生活是在拉萨的布达拉宫，其他出任公职的喇嘛，大多数住在大昭寺，这些都属于前藏地界。后藏则以扎什伦布寺为最大，有喇嘛三千五百人左右，其次是萨迦寺，约六百多人，唯东寺约三百人。班禅住扎什伦布寺，主西藏之教权。

这天，梦云等一行三人，过了康定，经折多塘，到达唐泥坝，已经是日落黄昏，这条路是通往西藏的西康北道，山路崎岖，人烟稀少，较之南道艰苦。沿途，一般商贾，多利用牛马来往，所有行旅货物，用牦牛驮载，人员则乘马随行，进行的速度很慢，与梦云等三个行脚僧的步行速度相较，几乎不分轩轾。

夜临时，梦云等找到了一间红教贡噶宗的喇嘛寺。寺中住有红衣喇嘛三人，妻室儿女，共住生活，僧俗大小有十一人之多。喇嘛僧在明里各居静室，各人的妻儿，则分别住在寺的一排平房里。

寺中大殿，主尊是大日如来，日月二菩萨为胁侍，香案前供奉莲花尊者，幢幡宝盖，一色黄缎制成，殿内香烟几绝，连起码的烛光也无，冷清清的，黑暗恐怖。

夜来晚膳，吃的是青稞磨成的糌粑粉和酥油搅合蒸熟的团子，一锅羊肉，膻味熏人。好在梦云等一行过午不食，只是把排在餐桌上的食物瞄了一眼，便鱼贯地跨进侧屋，爬上那张马粪刺鼻的土炕。时正秋凉，尚不算冷，无需生火烧炕，省了许多麻烦。

三个人分别盘坐炕上，梦云触景生情，忍不住向流云师探询道：

"你曾经去过西藏，拉萨的寺院是不是跟这里的情形一样！"

"不一样！西藏以黄衣喇嘛为尊上，规矩律法都很严明，尤其是绛央寺，在西藏是学因明的最高研究之所，就像是古印度的那烂陀寺，里面有不少的人才，其他像上密院、达隆寺等，都是学密的好地方！"

"好啦！养息吧！明儿还要赶路哩！"

坐在　旁的宝乘师久不开口，开口便作了个半命令式的结论。

夜深人静，梦云毫无睡意，虽然白天赶了一整天的路。

此次西藏之行，他的原意在参藏密的种种，包括喇嘛的道场。现前，西藏虽然未到，但红教喇嘛已摆在眼前，而且还是属于颇具盛名的"贡噶宗"派下。因此，他不禁生起好奇心，有意欲探询一番，以安好奇心的蠕动。

梦云悄悄地下了土炕，转向右跨院那幢充满了神秘色彩的净室：是他白天就留意了的地方。

房舍是一间四方形的独立建筑，四围有短墙拦护，正面有一道木栅，算是两扇大门，此刻正虚掩着。梦云侧身入内，蹑步趋前，建筑物的门扉紧闭，他只好转向侧面的窗户，可惜窗门开得太高不能探窥内里的情形，仅能凭直觉，知道里面没有灯，可以推想必也无人。于是，梦云仍旧回到正门，伸手试推门扉，不料门扉应手而开，同时发出一阵"吱哑"的响声，使得梦云惊骇了一阵，赶忙闪身一旁，静观可能发生的变化。因为，他必须避免一些误会的事件，惹来一些不愉快的后果。

等了好一会，没有任何动静，梦云才小心翼翼地进了正门。

室内没有灯火，窗门紧闭，一片乌漆，什么也分辨不出，连供奉的佛像也是一幢黑影，不知是何主尊。诚然，梦云是白跑了一趟，无可奈何地退了出来，带上门扇，返回寮房爬上土炕，怀着怅然若失的心情，盘坐打睡，以待又一个艰辛的明天。

翌晨，三个行脚僧勉强吃了一些绉粑团，和几片咸得发苦的萝卜干，算是应付五脏神而安饥饿之苦。

离开唐泥坝，步不稍歇，爬高越低，登山涉水，赶到中古寺，已是入暮时辰。百十来里的崎岖道路，较之平坦的官道，赶上一百五六十里还要来得艰辛。中古寺是个镇，依寺命名，寺中住的全是黄衣喇嘛；寺之建筑有点像塔院，四围一排排的房屋，栉比连云，可以容纳二百之众，但寺中常住的喇嘛只有四十多人。

梦云等到达之时，天色已经入夜，得寺中方便，挂搭了一宿。不过，执事喇嘛的态度很冷漠，好像不太欢迎挂搭似的。好在三个行僧随遇而安，行在外，见识多了，也就无所谓安与不安了！只要能有个可以聊避风露的地方，也就心满意足，谢天谢地了；何况寺里还供养了两顿"无肉绉粑粉"（按：未放牛羊肉的食物）和一壶浓茶！

就这样，一路无阻，自西康，走北道，朝行夜宿，历尽风尘，尝尽苦涩，终于走完了全程约四千华里的路程，到达了西藏的拉萨。

除了地方林立的寺院之外，一般人的家里，均供有佛像，有的是画像，有的是雕塑像，家庭富裕一点的更设有佛堂。通常，每逢新年朝圣之期，各地百姓，尽都涌往拉萨，供僧礼佛，虔诚备至。尤以，朝圣者往往以如得摩顶，即认为因缘殊胜，功德圆满，不虚长途跋涉，历尽艰险之行程了。

梦云等到达拉萨，在上密院落脚。上密院为黄衣喇嘛所住，寺僧近百人，挂搭者八人，除梦云等三人外，尚有缅僧一人，安南僧一人，老挝（今寮国）华裔僧一人，英国籍的一位学者（具有博士学位），另一位自称是日本人，却很像韩国人，同样是比丘身。八人中首推英籍的罗吉斯博士学问最好，其次是梦云，日僧仁原，其他均为专重修持的苦行僧。

因此，罗吉斯与仁原二人，无形中成了梦云的同参；只要三个人聚首，便是论辩不休的热闹场面，好像是一个不服一个；其他五位便成了当然与会的听众，乐得增加许多见闻与知识。

梦云等八个人，在上密院除了彼此切磋之外，实在得不到什么好处。虽然八个人都获得了灌顶法缘，但是，在梦云、罗吉斯、仁原三个人的心中，认为与其在上密院打混，倒不如上业富（地名）去绛央寺学因明。

就这样，梦云、罗吉斯、仁原、宝乘、流云五个人离开了拉萨；余下的，仍然在上密院学密法。业富的绛央寺，在西藏学佛的来说，不仅是最高学府，而且，还是"因明学"权威的所在地。不过，在这里学因明，必须具备两种文字能力条件，一种是藏文，一种是梵文。因为梵文是因明圣典的原著，藏文是讲述因明的语言，也就是说，能听懂藏文的讲授，才能接受因明的阐述；能看懂梵文的原著，才能了解因明的面目。

梦云等一行，除了罗吉斯会藏文，梦云略识英文，就全靠绛央寺里的一位近似助教身份的汉人，名叫韦伟的在家居士，以华语效汉地讲座中的偏讲方式，作因明学传授外（西藏以外）人的媒介了。也由于这种情形，使得受教者不能完全获取真实的内容，难免发生或多或少的偏差，这正是做学问的一种最为遗憾的障碍，虽然，可以耗去较长的时间，先从语言文字上下功夫，但是，在一群参学者的立场与环境来说，是不太容易成办的，基于举凡参学者的愿心，往往事先在时间上作了安排，不允许任意停滞在外，而不依时回返自己的小庙，违反了师门或寺规，造成不堪设想的后果。至少，因之使得师长们挂怀不安，便不是为人弟子的行为表现。

梦云等的时间不够，只能以拣择的方式、速成的手段而从事撷取了。

谈到因明学，必然，想到古印度最初"五支"作法，源起于弥勒，创于无著、世亲，即是《瑜伽师地论》中的："能成立法有八种：一立宗。二辨因。三引喻。四同类。五异类。六现量。七比量。八正量。"所列前五种即是"五支"作法，兹标明如下：

立宗：如声无常。

辨因：所作性故。

引喻：如瓶，虚空等。

同类：所作性，如瓶等。

异类：非所作性，如虚空等。

释迦牟尼佛灭度后一千一百年顷，陈那立"三支"作法，仅立"宗、因、喻"三支法，兹标明如下：

宗：如声无常。

因：为所作性故。

喻：如瓶等。

依因明大疏所说，无论五支或三支，皆以因支为最要，故称之为因明，于梵语中为"醯都费陀"，乃是一种论理之学，为明辨正邪、诠证真伪的理法。这种理法虽然成立于弥勒、无著、世亲、陈那等，起始于印度古因明学者，早在释迦世尊以前之足目仙人即为其发明，迨至佛灭度后，为大乘论师陈那完成之，并造有因明正理门论一卷。而后，陈那之弟子商羯罗主着因明入正理论一卷，明真能立、真能破、真现量、真比量、似能立、似能破、似现量、似比量八门，而辩自悟悟他之两益者，是为"因明学"的内容。

梦云一行中的罗吉斯，曾于绛央寺学因明近年，但为密法所惑，故舍而求之。此次，罗吉斯在上密院住了将近七个月，发现自己的兴趣仍然是因明学之理法，恰巧与梦云又极为投缘，因此，共同结伙，转返绛央寺（后来，罗吉斯回返英国，从一锡兰比丘出家，于英法两国，以比丘教授的身份，广弘因明之学，并有论著问世）。

梦云在绛央寺待了足足半年，以正勤精进的虔诚，把因明学究竟了一个大概，便匆匆告别了西藏，与宝乘及流云二行者，循原路回返四川，经湖北，在宜昌又与宝乘和流云二行者分了手。然后独自越洞庭，入资水，逆流而上，还归桃江上游的浮丘山雷音寺，时间正值秋仲，恰好是具戒后三年的第一个中秋佳节。

梦云回到浮丘山，碧云峰景物依旧，人事依旧，三年的别离，几乎没有任何的变化。唯独他，返抵寺门，卸下背架子，解掉头陀囊，抖落一身污尘秽土。老和尚举目看了一会儿，在仲秋的午后，放射出凉意的阳光下，显得黝黑了，有点瘦，原先的那份秀才气，似乎已为三年行脚的风霜雨雪给磨掉了，换来的是结实与豪壮，洋溢出年轻人独有的青春活力，以及过往不曾展现的沉静和稳健。

"一千多个日子没有白费！"

老和尚赞许地点点头，虽然师徒一别三年，那颜开喜笑的情感，不曾流露于老和尚的面颊；可是，自幼生长在一起的梦云，深知师父的衷心里，暗暗地正掀动着不禁的喜悦，蕴藏于他那看似平常的颔首中。尤其是短短的那句话，在梦云的意识里，无异聆听到了千言万语。

事实上这一千多个日子里，梦云不仅仅只是行逾万里路，所到之处，除了见识增广之外，最难能可贵的是亲近了许多大善知识。的确，使他在佛道的基础上，厚植了充裕的内容，可以说，使他打从一棵暖室中的嫩芽开始，到回归暖室之时的三年过程，无容置疑地，那暴风雨，那冰霜雪，那饥渴寒，那……数不尽的历练，尤其是善德们的棒喝，有的，无异是无情的凌辱和折磨，近似煎熬的过程中，在一切以道业为重的前提下，从不敢自以为怜、为耻，或者是委屈，一直切记着他恩师所嘱咐的一句告诫：

"行脚参学，以道为乐！"

每当情绪为环境所影响时，他的脑海里会不由自主地涌现出这句犹胜格言的告诫。于是，他便变得坦然自在，欢欣地去迎合一切，接受一切，也因此，在三年的过程中，他比同行的道友们所收获的要多。

如今，他回到了暖室，但已不是茁壮的枝桠而已，他变成了粗壮的主干，茂叶成荫，他有义务必须去荫被于人，或者说，是一个佛弟子修行办道不可或忘的权利。

"八月十六安职单，事先得做个准备！"老和尚似乎早就计划好了，要这棵新长成的树发挥它的效能。

"您的意思是——"梦云意识到了些什么，不敢肯定地说出来。"接棒！"斩钉截铁两个字，令人不敢抗拒。"我太年……""二十四还年轻？""唯恐……""不要没有出息！""是！"不要没有出息这句话，在梦云的僧伽生涯中，是他最不愿意承受，也最怕听到的一句话。虽然，他并没有领袖群伦的志向，也没有追名逐利的愿望，可是，成为一个没有出息的人是多么窝囊！他清晰地记得他恩师不时的训诲，告诉他为人处事的态度，也正是一个身为佛弟子的修养工夫。

"名闻利养是凡夫，悭吝保守是俗子，大慈大悲担苦难，大彻大悟成妙觉。"

担当苦难和成就妙觉，与其说是佛弟子的修养工夫，不如说是佛弟子的毕生事业，这也正是僧伽们可以依之为典型的人生观的！梦云从小出家，与老和尚晨昏相处，早就建立起这样的人生观，甚至以后的几十年，也以此为依归，坚守不变。

事实上生在娑婆世界中，一个出家佛弟子，如果有愿去引度众生，那么，担当苦难便是责无旁贷的使命了，要不，就没有如来家业可言！基于如来的家业是在"弘法利生"，把佛陀的一切教法，弘传于芸芸的众生，使其能够离苦得乐，成就无上正等正觉的道果，再也不为轮回所拘限，而能投向究竟常乐的最胜净境。

梦云懂得这些道理，在他的生活境域中，耳濡日染，处处所留给他的记忆是如此，几乎那："担当苦难须要大慈大悲，成就妙觉须要大彻大悟"的意念，占住了他思想的全部，蕴藏的是百分之一百的纯度。他更懂得欲达到这种目的，必须正勤精进地去笃践力行，绝不是发个愿，随缘而已，亦如他的恩师所说：

"修行办道的事业，犹若农夫种庄稼，切忌一心想欲收获多少，应该记起自己耕耘了多少！"

当然，收获与耕耘，原本就是相对的法数；俗语也说："一分耕耘，一分收获"。何况天底下根本就没有不劳而获的事业！

就这样，梦云以不经一事不长一智的心情，接下了浮丘山雷音寺的住持位，时间订在九月初九日重阳节。老和尚选了这个日子，主要的是在讨一个"高升"的吉利，因为，当地的风俗，九九重阳是登高增寿的日子，这种说法虽不可考，但是，文选中的"集重阳之清征"和王筠诗中的"重九惟嘉节，抱一应元贞"，皆有止于天阳之宇，元亨利贞的祥和昌吉意义。人嘛！谁不愿沉浸在祥和与昌吉的时日里？！何况老和尚的私心中，一生的希望，不惜心憔血竭，全都寄托在爱徒身上；自然免不了生起一些无伤大雅的"迷信"意念。

重阳之前，八月十六日安职单时，除了监院一职没有变更之外，知客与维那师对调，其余的按四洞口的意见，以量材起用，人尽其才的公平分配而安置，倒也做得颇如老和尚的心意。即使常住大众，也能尚称圆满，没有不愉快的事件发生。不过，职单虽然安排妥当，而侍者寮的人选叫梦云不知如何是好，因为，梦云毕竟只是个二十四岁的小伙子，于情，除了退居老和尚必须有人侍奉，新住持实在不适合用侍者；而且，在梦云的内心里也不愿意用侍者。但是，在体制上，又是理所当然的事。虽然雷音寺只是一间小庙，不像大丛林那样讲求"规范"。

为了这个困扰，梦云在无可奈何的情形之下，只好求教于老和尚了。"这么简单的事会犹豫难决？"老和尚说话的语气虽然温和，但话中的语意却充满了责备，甚至还有点不耐烦的意味在，使得梦云的内心里，感到既惭愧又慌乱。

"一句话！不够冷静！"老和尚似是看穿了爱徒的心情，故意把声音提高了些，一针见血地斥责着说。

"我想了好几天了。"梦云小心地回答。

"尽在钻牛角尖！"老和尚并未放松。

"我做过分析。"梦云有点不服。

"能解决问题么？"

"我想破例不用侍者。"

"违反体制！"

"体制可以依人而立。"

"你也想做太虚法师？"

"只是想自己照顾自己。"

"侍者只是个奴才？"

"现前也没有什么人才！"

"你不会培养吗？"

"……"

梦云闻言，先是一愕，继而恍然大悟。

"是不是不够冷静？"老和尚露出了微笑，瞄了爱徒一眼，然后踱步离去。

梦云待老和尚走后，轻轻地叹了一口气，埋怨自己的心意识反应，为什么总是要比师父差一截。无论是思想的变动，意念的运转，处事的机灵，处处都是显得那么不成熟。他心里在想，什么时候能学成像师父那样"天下没有能难倒他的事"，虽然，这种看法在别人很可能不以为然，但是，在梦云与其相处的十七个年头中，至少还没有发生过难倒他的事！

"师父，您找我吗？"

正当梦云跌入沉思，忽然响起一声呼唤，同时出现一个瘦小的人影。梦云并没有抬眼察看站在面前的人，他只是感于恩师的关注，他清楚眼前这个仰赖佛菩萨加被而从小就在雷音寺长大的十四岁小沙弥，虽然年龄与他相差十岁，但披剃出家，已有十二年之久了。

十二年前，小沙弥两岁，俗家住在山下的宝林村，生下来就患狭心（气喘）症，求过不少良医，也服过不少单方，就是治不好他的病。说也奇怪，小沙弥的父母，每次带他到雷音寺求观世音菩萨，居然有求必应，不药而愈；而每次领他回家，就气喘欲窒，痛苦异常。在无可奈何的情形之下，只好干脆送给庙里，拜个师父出家。不过，小沙弥似乎与梦云特别投缘，十二年前，梦云才只十二岁，他自己也是个小沙弥，二人情同手足，形影不离。当然，这与年龄有密切的关系，加以寺中常住都是成年人，老和尚虽然把他委托给一位名叫镜心的老比丘照顾，但是，每天大部分的时间是与梦云为伍，因此，二人的感情比其他的人要深厚得多。也因此，老和尚打开始，便将小沙弥拜在梦云的门下，暂时作为记名弟子，法号叫作"镜宙"。而且，小沙弥从小也一直叫梦云师父，起先，这种称呼使梦云感到非常别扭，时间久了才慢慢地习惯起来。

"是老和尚叫你来？他跟你怎么说？"

梦云心里有数，恩师每做一件事，从来不会只是一些直觉的内容，往往还会别具多少令人意想不到的用意，因此，他以探询的口吻说。

"他说我现在可以正式拜师了。"

"有没有说什么时候？"

"您升座晋山的同一个时刻。"

"你可知道老和尚的用意？"

"他说过了！"

"怎么说？"

"他说这样可以一举两得！"

"做徒弟又要做侍者，你愿意干？"

"一切听老和尚的安排，他老人家很疼我。"

"我的脾气不好，往后日子很长，不太好受！有没有多想一想？"

"想过，老和尚说，要学佛先得学做人，要学做人先得经过磨炼；就像是一把锋利的刀一样，先要经过千锤百炼，然后细心地去琢磨，才能成为得心应手的利器！"

"那需要很大的功夫，加上永恒的信心与毅力，才能达到目的地！"

"我会好好地去学。"

事情就这样确定了，梦云知道镜宙的个性，凡事只要合理，他都能欢喜地去接受。虽然，他的年纪还小，时间的造化，环境的变迁，于他那未来的岁月，是说什么也不能定型的。梦云的个性一贯讲究随缘，凡事不愿勉强，尤其是事先编制一个希望，造个模型，而后死板地去循图进行，就像是盖栋房子一样，先设计一个蓝图，事先经过一番研究，看起来似乎非常理想，待到施工以后，发觉问题丛生；于是，拆的拆，补的补，弄的耗工、耗料、耗时，还惹来一肚子的乌气。那样，在梦云来说，还不如画个概要图，内部设计，依现况而为所欲为的好。因此，他听了镜宙的话，不愿再说下去了！

晋山的仪式很简单，没有排场，也未发柬，只是常住大众暨几位有力的护法，办了十多桌素筵。典礼庄严肃穆，退居升座，披剃收徒，行礼如仪，皆大欢喜，可以称得上是简单隆重。这大概就是老和尚的为人，所表现的最符实际的个性罢！

梦云初任住持，心情特别紧张，晋山的当夜，他仰靠在藤椅上，一个人在默默地想：今后，他应该怎么办？如何统理大众，如何发展本山寺务；尤其是多少应该保留的？多少应该革新的？虽然，他的兴趣不在住庙，平生惯于行脚，酷爱云水；可是，经一事，长一智的古训，促使他把心思放在"磨炼"的激励奋发之中，至少，不至走上"空来人世走一遭"的可悲境域里。

夜来，梦云煞有介事地思考了一个多时辰，腹案中暂时有了一些可行的计划。他，疲惫地倚床而卧。忽然，室内响起了脚步声，踏碎了他那朦胧的睡意，不由得翻身坐起。他的潜意识告诉他，不用张眼，便已听出是恩师的脚步声。

"生命的消磨，往往是耗费在一些无可奈何的妄想中；一个有智慧又有作为的能者，一生中除了一些无法避免的杂念，会剥削许多宝贵的时间之外，那妄想的思绪是不容易左右他的。"老和尚像是自言自语，进了新方丈室，结跏趺坐在一只棕编的蒲团上，神态极为安详。他所说的话不像训诫，不是斥责，充满了无限的人生哲学意味。"妄想与杂念，不同样是无可奈何的思绪么？"梦云似乎难透二者相互间的利害，忍不住提出反问。

"无可奈何的本身就是妄想，而杂念是可以奈何得了的。"老和尚说。

"……？"梦云仍然不免疑惑。

"比方说吧！"老和尚紧接着说，"杂念如天上月，妄想是水中月；虽然，二者都不可得，但是，至少月的事实是显而易见的。"

"如此说来，皆无是处！"

"天上月，可以借其光亮而发现其他。"

"水中月，不是也有它的光亮在么？"

"借因缘而隐现，光亮无照处！""光毕竟不是月。""知光不是月，即知其可奈与无可奈！""二者皆无是处，知也无益！""无烦恼何处见菩提？"

"哦！"

"见着什么？！"

"水中月！"

"天上若无月，水中月何来？"

"天上本无月！"

"何处见月？"

"不离天上！"

"知见之立，无有是处！"

"见无见处？"

"不是盲者！"

"以何得见？"

"不舍心识！"

"岂不仍属见处？"

"如盲见暗！"

"为明所显？"

"源于日月灯光！"

"是心识之作用？"

"自性之流露！"

"哦！"

"执著心起，其念非妄即杂！"

"心念有不起动之时？"

"不起动者，不异木石！"

"寂灭为乐，不是佛说么？"

"是生灭灭已之时！"

"生灭之法？"

"不是寂灭！"

"哦！"

"应无所住！"

"是妄？是杂？"

"不是真！"

"……？"

"思量即乖！"

如晴天霹雳，轰击着梦云的思绪，顿然心念皆灰，意识沉静。默默地，忘了全身汗水淋漓，信步踱向屋外，迎着秋凉的晚风，踽踽而行；有若失神落魄的夜游者，漫无目的地朝前直进。

不久，梦云来到半山腰的狮头崖，崖壁陡峭，气势峻险；崖下是一片无际的平壤，桃花江水，正是由此脚下往西延伸，直达资江而会合，二水交会之处便是桃花江的小镇，此刻隐匿于茫茫的夜色中。

狮头崖的得名，是来自那片突出的巨崖，整片崖壁形若狮头，翘首张口，威武若吼；张开的大嘴中，极为宽敞平坦，里面约可容纳三张八仙桌，甚或可以更多一些。雷音寺的比丘，常有人于清晨或午后，在里面修习禅定。

此刻，梦云已步近了崖边，下意识地停住了脚步，伫立于狮头崖的入口处。迎面吹来一阵晚风，萧萧的秋末，显得有些寒意，使得他顿然恢复冷静。他已觉到自己有些失常，手脚仍在不住地颤抖。

在狮崖口中，他席地结跏趺坐，脑海里依旧萦回着老和尚的话，纷扰的意念，像汹涌的浪潮——

"月，天上的、水中的。

"思维，妄想的，杂乱的，可奈何与无可奈何的。

"心、意、识，起动的，无住的，生灭的，自性的等等。"

顿然，像漫天的乌云暴雨中，划过一道明亮的、一闪即逝的电光，冲刺着梦云的思绪，原来几乎充塞欲爆的脑海，蓦地震开了一道裂缝，他禁不住"哦"了一声，自话自说道：

"杂念不是妄想，妄想消磨生命！"

他似是若有所得，缓缓地站起身来，轻吁了一口气，踱步走出狮头崖；然后，径自回返雷音寺的方丈室。

当梦云步近方丈室的门口，但见老和尚仍然坐在那只山棕编的蒲团上，梦云见状，不由得下意识地踟蹰不前。

"枉费了一场梦觉，怎的又跌进另一个陷阱？！老和尚沉沉地说。

"陷阱？"梦云闻言，迅步跨进室内，惊奇地追问。

"人生何处不是陷阱？"老和尚说。

"岂不是叫人坐立难安？"梦云说。

"是谁令你如此？"

"我的意识在作祟！"

"为何明知故犯？"

"只为有我。"

"谁叫你有我？"

"自我。"

"谁是自我？"

"生灭的承受者！"

"谁知生火？"

"仍属自我！"

"拿来！"

"什么？"

"自我！"

"……？"

"思量即不中！"

"好难！"

"仍在陷阱里！"

"应如何才能出离？"

"你不是有自我么？！"

"这就是所谓的自度？"

"又是一个陷阱！"

"岂不是寸步难移么？"

"谁拦你？！"

"处处是陷阱！"

"处处是道场！"

"哦！"

"是什么？"

"陷阱！"

"也是道场！"

"宁肯是道场的好！"

"入门又出门！"

"哦——"

"休歇罢！"

老和尚站起身来，朝面前的这位新住持点了点头，然后缓缓离去。

梦云送走了老和尚，独个儿在室内踱着方步，思维沉浸在老和尚的每一句言语中。他像浮游于波浪起伏的洞庭湖里，不能自主地迎接着每一个冲激着他的浪花！

的确，人生的道途上，到处都是阻障前行的陷阱，尤其是行于"阿耨多罗三藐三菩提"的道途上，那陷阱更是骇人。

梦云好像是卸下了一副重担，轻轻地吁了一口气，然后上床就寝。

梦云在雷音寺住持任内，一切的寺务，绝大多数落在监院的身上。对外的应酬，则有老和尚出面。可以说，他的日子是清闲的，有太多的时间任其支配，因此，凡遇参学的机会，他都能把握，只要对老和尚告个假，必然，毫无阻挠地负方便铲而作远行，从事他的行脚参方生涯，正所谓：

> 一钵千家饭
>
> 孤身万里游
>
> 为出生死苦
>
> 饥渴度春秋

洵然，云水悠悠，为道无愁，一铲一架，天下任游，称得上逍遥自在，法乐无边，纵身为帝王者，也为之羡慕不已哩！

梦云的日子是写意的，虽然于行程中不免许多艰辛苦楚；但是，每当处于艰苦之时，能得亲近一位善德，必定融融法乐，尽忘其他所有；甚至，反认为是一种旁人所不能体会得到的，真正的"苦中有甘"的生涯！

梦云的日子就这样度过，直到二十八岁那年，出任小南天天岳山梵音寺的方丈，稍为中断了三年；而后，一直到一九四八年，也就是梦云三十三岁那年的端午节，才结束了他的云水僧生涯。

第二部

戎马之旅

一九四八年的端午，梦云由一个比丘身而转变成军中的挑夫，而进入湖南师管区，变成了一个"冒名顶替"的阿兵哥，被拨交给青年军二○五师警卫营，辗转来到中国台湾省高雄县凤山镇湾仔头营房，正式成为一名担任营门警卫勤务的丘八。

当时部队中仍以打骂作为统御士兵的手段，很少有人格与精神上的教育。

梦云虽然所受的僧伽教育严格，但他毕竟是浮丘山三代单传的弟子，于律仪生活中的重点是在"心"不在"相"，理想放在"智慧"的开启和培养上，举凡佛陀的理论与思想之深研参究，僧伽的德行与品格之熏陶，以及心性修养的磨炼，均都予以庄严而又自在的方法，力图明智正大，以培养出独立、情操、僧格的完整，确然成就"慈、悲、喜、舍"的无量佛心佛志，圆满浮丘山独特不虚，荷担如来家业的菩提道果。

也由于这样，梦云在警卫营的苛严生活，虽然有许多地方格格不入，但他从小所熏陶的一份"忍辱"功夫，倒也使他能够安然承受；就像是他退役后，恢复本来面目为教界所给予的种种，能够安然承受是一样的。

　　梦云在警卫营最初担任的职务，是负责大营门日夜各两小时的站岗；其余的时间便是操练，操练的项目有各个教练而班、而排。其内容有徒手而武装。从基本到连队，从操场到野外等诸般演习，很少有空暇的时刻，几乎能得到休息的时候，只有开饭和睡觉了，每天的厕所时间，也必须跑步才能赶得上下一个时间的集合！的确，是分秒必争的紧张生活。

　　紧张的日子经过了三个月，好不容易师司令部政治处，给了梦云一个改变环境的机会：那就是招考干部人才，举凡擅长写、画、唱、演、编、撰等等的艺文技能者，都属考录的对象。梦云是学中国文学的，当然，他具有很好的能获得机会的条件，加以连上的一位年轻干事的推荐和鼓励，他顺利地被录取了。

　　可是，录取后，虽然肩上获得了一根杠的少尉官阶，也担负起了政战工作队的编写职务，但除工作之外的日子，同仁们的浪漫生活，使他受到很大的精神威胁。基于梦云从小就过惯了僧伽生活，所有的日子都是充满了规律、严肃、寂静，而且极为诚恳和实在的，因此，所谓的艺文工作"自我与自然"的日子，使梦云无法去迎合，尤其是过分的戏谑，有时会伤害到他的拘谨原则，甚至于他的自尊。本来，以梦云的禅法培育历程来说，似乎不应该有拘束而不自在的情形，或者是自我局限的意识，这，正是一般人对禅行者的看法与要求，总认为禅行者的言行就应该是这个样子，很少人知道禅行者的言行生活，于活泼中而不轻浮，于平凡中而不庸俗，于自在中而不失严谨，于道业中而不从虚妄；静时有若处子，动时犹如脱兔，淘然，像行云流水般洒脱不羁，绝无阴郁浑浊的堆积或沉沦。也就是说禅行者的本色，是明朗的展现，清澈的洋溢，坦荡的流露，绝不拖泥带水，浮华不实。

于是，在一个星期天的晚上，同队的伙伴尽都游乐未归，队上只剩下队长伴着身边的新乐园香烟和铁观音浓茶，孤独地斜靠在竹躺椅上做留守。两只刻满了鱼尾纹的大眼深陷着，好像那内里深藏着多少人生秘密似的，此刻正凝视着水泥天花板。整个标准的北方大块头，像一块巨石般停当安稳。偶尔用那几根熏黄了的右手指，搔抓着他那秃亮了的头顶，然后把留在指甲中的污垢剔弹干净。

队长是位不寻常的人物，在艺与文的世界里，具有多方面的特长，像队上的几个中心工作——战斗周刊由他主编，演出剧本由他编导，舞台布景由他筹划，灯光效果由他设计，每遇演出缺角，他都会稍作沉思后说一句："咱秃鹰自己来吧！"当然，那些角色往往是队员们不愿扮演的。

提到"秃鹰"这个绰号，不仅全司令部的人知道，几乎全师的官兵都很熟悉；在舞台上他是一只"康乐箱"，在舞台下他是个"精神堡垒"！他是位人愈多的地方愈活跃，人愈少的地方愈沉静的特殊人物。秃鹰的绰号是来自他的秃顶鹰鼻，长相有点像爱尔兰种族的轮廓，是地道的中华汉族的黄皮肤，如果他的腮颔加长一把髯的话，那将是一个标准的蒙古大汉！

此刻，梦云搁下了手中的笔，踱步走向队长的身边，轻声地咳了一下，然后说：

"队座！能谈谈吗？"

秃鹰闻声，朝梦云瞄了一眼，坐直身子，然后用手指着对面的竹靠椅说：

"好呀！坐下来谈！"

梦云依言，坐在竹靠椅上，调整了一下身体的姿态，然后用低而沉的声音说：

"队座对我了解了多少？"

"以你吃素来说，应该是位佛教徒。"

"知道我为什么要加入军队？"

"你不是被拉夫拉来的么？"

"是的！"

"一种不是出自心愿的事业，很难有所成就！"

"一种不适合的工作，同样也没有办法打起精神来！"

"你是指现在的工作？"

"不错！"

"你学的是中国文学，做的是编编写写，不是学以致用么？"

"队座并不知道我过去的生活环境！"

"先不要说出来，让我猜猜看！"

"那只能以常情论。"

"可不一定！就以你的教育水平来说，没有参加抗日中的十万青年十万军，便可以暗示你的生活环境特殊！"

"说说看！"

"以青年人的热忱来说，尤以著名的'湘军'，参加青年军你是不会落人后的；但是，你的生活持的是长斋，你的个性偏于孤寂，极像是个离俗有年，隐于深山古刹中的和尚！"

"持斋的不一定是和尚，怎么没有想到我是一个佛化家庭的子弟？"

"其实，猜你是个和尚并不切实。以你日常的言语行为来说，既不见你念经，也不见你拜佛，更不见你逢人传道。如果说你是个在家居士，那都太过勉强！"

"依您说，可能是个怎么样的角色？"

"这……"

"难下定论？"

"也不尽然！"

"试试看！"

"姑且说你是个斋公罢！"

秃鹰起先说得蛮认真，话尾一顿，蓦地爆出一连串近乎掩饰的大笑，此刻的梦云更是笑得前俯后仰，把眼泪都笑出来了。

梦云与秃鹰二人为什么会如此感到好笑？因为队上的男女同事，打梦云来到队上的那天起，大伙儿见他持斋，便已将"斋公"之名代替了他的本名了！

二人笑了一阵之后，秃鹰点燃了另一支新乐园，然后恢复原有的神情说：

"好了，咱们言归正传，谈谈你想谈的。"

梦云沉默了一会，整理了一下思绪，才郑重其事地说：

"队座！不瞒您说，我的确是个和尚，不过，为了避免惹来一些无谓的麻烦，仍请您保守这个秘密。如果以持斋来说，反正和尚斋公都没有分别，以后就让我保有这个绰号吧！"

"这个你可以放心！"

"由于从小出家，一切生活习惯已经成了定型，所以，处在现前的环境中，实在很难安心办事，因此，我想改变一下环境。"

"你希望如何改变？"

"当然，最好离开军队！"

"那很难！"

"队座如果能帮忙的话——"

"你错了！这是军队，一切得照规定！"

"有违背规定的地方么？"

　　"已经任官少尉，不同于普通队员，也就是说，你已是正式纳入编制以内的成员，欲解除军职很难！"

　　梦云不懂军队里的法令规章，原以为做了军官，可以获得很多方便，享有很多特权；如此看来，今后的命运，将注定干一辈子军人了。

　　他沉默着，思维中拥有一份失望后的懊丧。

　　秃鹰不愧是只老鹰，似乎看透了梦云的思绪，同时，他自己的思维也极端地旋转着，过了不一会，平静地对梦云说：

　　"此路不通，退而求次。"

　　"队座的意思是——"

　　"改行！"

　　"怎么改？"

　　"先进军训班通官队。"

　　"一窍不通，如何进入？"

　　"先得有兴趣才行！"

　　"兴趣应该可以培养。"

　　"那就好办了！"

　　"怎么说？"

　　"让我有了眉目再谈希望！"

　　"那我就等着您的赐予了！"

　　"佛教不是讲究信愿行么？"

　　"当然您并不是上帝！"

　　"是只秃鹰！是吗？哈哈……"

　　经过这次谈话以后，秃鹰到处奔走，那份令人感动的热忱，的确不是旁人可以比拟的，即使是同胞手足，也不过如此！这大概就是军营中袍泽之间所特有的一份义气吧！

　　大约经过将近两个月的时间，机会终于来了，通信军官队调训部队中的干部集训，梦云得师部通信组之助，以附属军官的身份参加了训练班。

　　这个训练班集训的时间是六个月，训练的内容分无线电、有线电、中继中心、派遣中心四个主要科别。梦云被分配在派遣中心，从事公文处理、信函检查、文书分类、档案数据等参谋业务课程的学习。

　　梦云是学中国文学的，在派遣中心的训练过程中可谓是轻松愉快，因此，他有很多的精神分配到一般通信教育，以及无线电的学科教育上，去接受最能代表科学的新知识。也由于这一段时间的苦学，帮助他在无线电学的理论上打下了基础，而使他在后来的八年教官身份，有能力完全负担起军中通信无线电教育的责任，甚至成为陆军步兵通信中的一位不可或缺的教官。

　　六个月后，梦云毕业了，以并不惊异的中上成绩离开了通信军官队，被上级分发到师司令部派遣中心任参谋职（当时的青年军系美式编制），负责有关分类与保密的职务。

　　中心主任是一位湖南人，曾经皈依长沙开福寺的妙参法师，虔诚奉佛，以持诵金刚经和大悲咒为常课。当梦云到职后不久，中心主任发现他是吃长素的时候，二人便很自然地成了切磋的道友。这，也正应了"法缘殊胜"的所缘之境！

　　中心主任对禅的意境颇具兴趣，大概是受了持诵金刚经的影响；不时跟梦云也逗逗禅机什么的。最明显而又颇富意味的一次，要算那个分外明亮的中秋圆月之夜，二人泡了一杯浓茶，坐在办公室后面的一个小花圃中。

　　清澈明净的月夜，小花圃中点缀了一些红黄花朵，夹杂在灯笼与七里香之间，虽然，并没有清香扑鼻之感，却也另有一番草本淡雅气息。

圃外，一枞修竹，于月下趁微风摇曳，印花似的影子，偶尔传出枝桠相摩擦的声响，显得宁静中的夜景，流露出生的情趣。

"是寂静吗？"主任说。

"不是嚣闹！"梦云答。

"意不起？心不动？"

"无情胜有情！"

"逃避世间法？"

"不与世间争！"

"如何是积极？"

"不为消极转！"

"如何是消极？"

"随缘而变！"

"变什么？"

"日出冰雪融！"

"日未出时如何？"

"净而洁！"

"融后如何？"

"还它本来面目！"

"好！好一个还它本来面目！"

中心主任意味深长地瞄了梦云一眼，然后端起茶杯喝了一大口浓茶，接着又说：

"月在天上，映在杯中，为何不能茶月一并吞？"

"已经吞下了！"

"天上仍有月在！"

"无心月即失！"

"心不是月呀！"

"月在心中！"

"我心？你心？"

"见月者是！"

"盲者有否？"

"曾否有月？"

"不识！"

"仍在心中！"

"为何？谁摄取？"

"不识之中已种月识！"

"岂非是盲月？"

"谁又识得真月？"

"既然如此，你识否？"

"见者识！"

"谁不见？"

"你我俱未见！"

"谁能得见？"

"登临其上者！"

"可能吗？"

"科学一直在证明佛法！"

"科学是行者？"

"钻研科学的人！"

"他们不识佛法。"

"识得的不是行者！"

"如何解释？"

"知饥则食，食即行者！"

"不饥时如何？"

"饱！"

中心主任闻言，为梦云一个"饱"字，当即默然若失，思维坠入了另一种为人所不能领会的世界。

夜，渐趋沉静。天上掠过一阵浮云，月色也变得迷茫了，时隐时现。仲秋的夜晚，已有些令人难耐的凉意。

中心主任站起身来，移动那有些沉重的步子，踱进了他自己的宿舍。虽然梦云一边在收拾桌椅茶具，同时道了一声晚安，可是，中心主任似是已经失去听觉一般，毫无反应地离去了。

梦云在师部通信中枢工作了四个月，由于学有专长，奉命调往陆军训练司令部，充任通信训练官兼防卫总部台海战备指挥中心通信作战参谋官，在台海战备一度情势紧张之下，担任昼夜不懈的参谋任务。

后来，由于美军第七舰队进驻台湾海峡，战备情势缓和下来，因此，指挥中心不久解散，举凡调用人员，一律回原单位服务。此刻，梦云所服务的单位已改制编入陆军官校，最初担任示范营通信军官，随后调升官校通信教官。

一九五二年，陆军步兵学校在台复校，梦云出任通讯科员兼任教官职，综办通信器材的调配，教育器材的讲授。翌年，为军官轮调服务，被分发至某部队担任通信连长；逾两年，基于军队的需要，考选优秀人才赴美深造。梦云获得参加考选的机会，并且以前五名的优异成绩被录取。

这次赴美深造的机缘，可以说是梦云的人生旅途上，于学业的里程铸造了宝贵的一环，因为，所接受的教育乃是专注于教学法的师资训练。虽然为期仅仅八个多月，但是，专科性的教育，其效果是在乎受教者的本身；如果他的基础坚实，智商高，那么，成功的先决条件便已具备了！因此，梦云于学业结束时，是拥着第二名的荣誉踏上归途的。

记得当时搭机离美的前夕，除了有关方面的饯别之外，最为特殊的是一位军曹，在茶会上要求校长作证，当着中外近百的官员，向梦云行拜师大礼；公开宣布经过，六个月学习中国武术的事实，并且将所学成的几套拳法当场表演，以证不虚，真可谓是梦云留美所获得的第二项荣誉。

不过，此项荣誉的内情，并不在传授外国人武术，而是传授武术之前的一段因缘。事情的经过是这样的：

在一次校庆活动的纪念日里，军曹照例向学校当局申请安排了一场拳击表演，那似乎是他一年一度最为满足的日子，每次拳击表演时，全校从来没有人击倒过他。虽然，他所举办的表演，一直都是以打擂台式的方式进行，但他一直保持不败的纪录，因此，无形中便养成了他目中无对手的骄狂心理。每次，当他登上拳击场的时候，必然的，总少不了会滔滔不绝地叫嚣着：

"谁是大英雄？谁是大拳王？上来！准你保有三分钟不被击倒的权利！来呀！"

听说这是他举办拳赛谓之表演的老词，在校的拳击爱好者，每一个人几乎都以这些老词来嘲笑对方。

不过，军曹的话在本年度有了改变，原因是学校多了一批来自亚洲的留学生，包括中国、韩国、马来西亚、印度尼西亚、泰国、新加坡、越南、日本等总共一百二十人，阶级自中尉而中校。这些留学生当中，只有十七人好运动，而好拳击的勉强凑数不过三人而已，三人当中，日本占了两位，韩国一位。

军曹似是吃定了亚洲人，用傲然的姿态挺立场上，不屑的眼神扫了台下的留学生一眼，然后讽笑道："亚洲人瘦而小，今天坐在这个场外，与西方人一起显得更小；为了公平起见，我准许上来的人五分钟不被击倒，来吧！"

这种口吻，任谁听了也忍受不住，在座的两位日本军官相互交换了一下意见，然后走向场右侧的帐篷里。不一会，二人换上了运动衫，其中一人戴上了皮手套，身手矫健，上了拳击场。

比赛很快就开始了，完全按照规则。

首先上台的日本军官身材适中，但是，与军曹相较，整整差了一个头。二人在场上打了几个短拳，日本军官似是自知不敌，尽量采取游击战术来消耗军曹的体力。看他的用心，好像是在为他的同伴铺路，虽然他的用心不太道德，但是究其主因，就得看军曹是否傲得愚蠢，心甘情愿地接受后来者的挑战！

这样不痛不伤地磨了三个回合，日本军官在休息的时刻，向裁判表示认输，满不在意地向观众鞠躬下台。

军曹似是洞察了日本军官的心机，但他毫不在乎，仍然挺立场中央，面向另一日本军官，以那微带喘息的声音说道：

"不要紧的！你跟着上吧！仍然准你保有五分钟不被击倒的权利！只要你能接受我的攻击，不像你同伴一样的打法！"

事实上他这番话是多余的，如果情愿接受预谋的话，那就只有凭借自己经得起考验的本领，加上可能运用得上的智慧和技巧，来完成个己的一分真实不虚的"傲"势。

然而，预谋归预谋，事实归事实，另一位日本军官性子太浮躁，加以求胜心切，上得阵来就猛然攻击，结果，可能是一记直拳打得军曹冒了火，竟然气得忘了他自己的诺言，不到三分钟便递出一记左拳，如迅雷般凌厉的狠击，把日本军官摆平在拳击场上。

裁判数完了"十"，军曹举起了胜利的手！骄傲的笑声更狂更大！

场外反应平平，似乎大伙儿对军曹的印象都不太好。

上午的拳赛就这样表演完毕，照往常的例子，下午还有"挑战"的机会，过此，一天的拳赛规定便要结束了！

梦云一直默默无言，内心里虽然难免有些激动，但他毕竟不是一个好胜称强的人。纵然，他有百分之一白的把握，叫以稳操胜算，他也情愿隐藏自己，不肯表露些许神色。

下午，拳击再度开始，场上挤满了人群，一份出人意料的热闹，显得有点反常。

梦云跟着队伍进了拳击场，举目一望，台上除了军曹之外，在他身边站立着一只象征拳击手的大袋鼠，可惜不是真的，只是一只用橡皮做的玩具，技艺不错，非常逼真。

军曹的脸上挂着恶作的笑，讽刺的口吻，狂傲的声调，他说："看！它多有弹性！"语时，一拳捣在袋鼠的头上，袋鼠的一双脚被军曹踩牢了的，拳过去，当然很快就被弹了回来，两三摇晃，倒是妙俏传神。接着，疾速地又击出两拳，然后说：

"你们能比它强吗？它有不倒翁之称！"

说着，军曹把自己的脚放松了一下，随即使劲一踩，眼看就要倒下去的袋鼠，瞬间又恢复了原来的姿态。

看起来，军曹的这些举动似属玩笑滑稽，可是，如果把上午的加在一起，则骨子里就透着恶毒的侮辱！

梦云不是个喜欢惹是生非的人，他除了感到军曹的行为极具娱乐价值以外，无异也是在自我耍宝，应该是无损于人的。不过，事实的演变并未因此停歇，相反，军曹的大嗓门越来越大了，口气也愈显狂妄，刻毒的言辞，字字句句逼迫着每一个亚洲人的心弦！他说：

"亚洲民族的代表性，是讲究礼让和谦虚，更追求最后的胜利，机会不多了，别让胜利被这一只袋鼠赢得！上来吧！拿出男子汉的勇气来！尤其是中国人，传闻拥有最厉害的中国功夫，不知道其中有没有拳击功夫？该不是中国江湖上所常说的花拳绣腿，中看不中用吧！上来呀！不要害怕，本军曹可以手下留情！"

停了停，咽了一下口水又说：

"我刚才说亚洲人，最后胜利，各位应该知道，那是指中日战争，日本虽强，最后输给了中国；可是，如果没有美国，中国人能否支持到底呢？"

八年抗战，中国人以坚毅不拔、艰苦奋斗的精神赢得了最后的胜利，原本是举世皆知的事实；虽然，美国也曾出钱出力，但是，那是为了整个的第二次世界大战，并没有一兵一卒参与中国内陆的战争，这真是从何说起！

军曹站在拳击场上，毫无愧色地又说："所以说，世界上最强盛的是美国，敢不承认吗？就像是本人的拳头，正代表美国的厉害！"

梦云毕竟是具有国家民族意识的中国陆军军官，曾经军训的陶冶，责任与荣誉之心，无形中埋下了壮硕的种子，当他听完军曹的冷嘲热讽，忍不住走进那座临时搭盖的帐篷，更换出赛用的衣物。

不多久，一位健壮英挺的运动员，赤膊短裤，白色球鞋，双手套一副咖啡色的拳击皮手套。他，矫健的身手，两个起伏，便来到了拳击场中，挺立在军曹的斜对面。

原先站在场内的军曹，抬眼见到梦云的身轻步快，一气呵成的动作，不由得皱了皱眉头；再看看梦云的那份气定神闲，更使他心里忍不住嘀咕："不好对付！"

不过，军曹的意念瞬变，他打量着梦云最多一七三公分的身高，六十多公斤的体重，凭自己人高马大的身材，和二十多年的拳龄，一份满不在乎的气势，顿然又掀起了他的狂态。

裁判估量了一下情势，说了几项例行规则，然后招呼计时，一声哨音，拳击场拉起了战斗的序幕。

梦云深知拳击的要领，不打算跟军曹硬拼，利用自己杰出的闪躲身法，尽量以短兵相接的险招，引诱军曹认定有机可乘，捣出狠命的扣击，然后蓦地闪身，使军曹尽出空拳，消耗体力，逗使心浮气躁，不时还趁隙而入，递出两记快速的短拳，打得军曹哇哇大叫。

一回合过去了，看起来没有胜负。

二回合比完了，军曹已失去了理智，怎么也无法击中梦云。

三回合又过去了，梦云更加得心应手，军曹挨了不少短拳。虽然梦云心存仁厚，出拳都不太重，但军曹气得冒火，大有一击要致梦云于死地的狠劲！

四回合赛完了，军曹出的空拳太多，原本像条大水牛的高大身躯，此刻已是力不从心，真的气喘如牛样。

五回合开始，梦云不想再逗军曹了，所谓得饶人处且饶人，倏然捣出三记快拳，分别击中军曹的左右太阳穴，以及左下颚三处要害，把他击倒场中，昏迷不起。

结束了，裁判的宣布，梦云以"技术"取胜。

场外，不分国籍，不别肤色，大伙儿一拥而上，把梦云抬了起来，一次又一次地向空中抛起。满场的欢呼，震天的掌声，诚然，大快人心的情景，俨然不仅是梦云的胜利，几乎成了全场人的胜利！

世上的英雄就是如此塑造成功的。

梦云变成了名噪一时的英雄。

英雄是受人崇拜的，多少军官拜在他的门下，有的学拳击，有的学功夫；尤其是他那迷幻般的身法，每一位东西方的军官都想学。可惜那不是普通的击技，并非人人都能学会。据梦云表示，那是一种必须从孩提时代就得锻炼的功夫，成年人是无法办得到的。因此，梦云有心相授，也爱莫能助。

军曹虽然败在梦云的拳底，但是，他也同样是个崇拜英雄的人，很自然地，像其他的仰慕者一样，拜在梦云的门下。

从此，军曹奉梦云不仅如师长，更像顽童之依恋严父，的确是钦服有加；而梦云待军曹的态度，除了像德师授予爱徒技艺之外，平时保持一种适度的朋友，也像兄弟一般的关系。

每逢周末或假期，军曹总是驾车接师，或茶话，或桥戏，或郊游，甚至导游各大城市，观赏各地风光胜景。久而久之，梦云好像变成了军曹家中的一员，而且一直是奉侍备至，从不怠慢。

诚然，一份不同于西方人的情谊，在现实的美国社会中，那几乎是绝无仅有的！

梦云返回后，奉命任教"教官训练班"兼教务组长之职。教官训练班的主要宗旨，在调训各军事学校重要教职人员，介绍最新的各种教学法，包括教案、教材、讲义等运用、制作、编撰等方法在内。

这种工作，连续办了六届，为时二十个月，人数达三百六十人之多。如果套一句佛教中的话，可以说是功德无量！因为，受训的人，其本身就是教官，当他们学成之后，回到自己的岗位上，可以发挥所长，作育英才，加强国防力量！

当训练班结束之后，梦云被调到凤山某军事学校，从事通信教官职务，受教的对象为各部队指定召训的基层干部，自士官、尉级、校级、以及特别代训的预备军官等，包括曾经一度临时组训的将校特别班。每星期的忙碌，有时连星期天的上午还要为学员生复习功课。

此期间，工作的繁重，使得梦云因之而累久成瘵，呼吸系统发生了故障，曾经在教室当场昏倒不起，送往医院急救。可是，鉴于他所任职位的重要，单位正实施轮调制度，新进人员都是一些在职训练者，无能胜任教育上所必需的要求，梦云只住了一夜两天的医院，随即回返学校，继续忙碌每天八小时的教席，以及课余辅导新进人员去熟练教学方法。也就是说，平均每天用口讲授时间，最少在十二小时以上，才能得到休息的机会。就这样，梦云的身体一天不如一天，胸口常常隐隐作痛，不时发生咳嗽的现象；终于，在一次下课后，骑车行驶营区的归途中，连人带车摔倒在水门汀上，昏迷不醒，已经进入休克状态了。

当梦云清醒过来，尚未睁开眼睛，透鼻而入的是一股消毒水的异味；启眼处，但见自己置身在一个陌生的白色世界里，白色的天花板，白色的日光灯，白色的墙，白色的床，白色的被褥及枕。床边，一把白色的椅子，坐着一位白衣护士，此刻正靠在椅背上打盹，微微的鼻息，是这寂静的病房所能唯一感到的一些生气。

梦云环视了四周白色的景象，独自仰视着令人茫然而空洞的白色天花板，几乎找不出白色以外的东西，就像他此刻从昏迷中醒来时一样，脑里是一片寂静至极的空白。俨然，他的身心内外，似乎是与生的、动的、被遗弃了于遥远的无际的荒凉世界，除了尚在跳动着的心脏，的确，一切都停留在没落的静寂中！

不知过了多久，他的耳际突然响起了一个轻微的声音：

"您醒啦！"

"嗯——"

"真抱歉，我竟然睡着了！"

"太疲劳会令人不能自主！"

"醒来多久了？"

"一会儿。"

"我去通知医官。"

"夜深了，不要打扰他们的清梦。"

"医官交代了的，等您醒来得立刻通知！"

"很严重么？"

"您不感觉？"

"是死而复活？"

"休克。"

"离死很近是吗？"

"现在已经很远了！"

"可以不要通知医官了！"

"责任不容许这样！"

"对我来说，如果已经死了，你并没有任何的责任！"

"可是，我不同于一般护士。"

"特别？"

"是的！我是这间军医院以外的。"

"特别护士？"

"特别病房！"

"加上特别的我！"

"至少在我的病人中，您是特别的。"

"怎么说？"

"军医里请特别护士，来服侍一位官阶并不太高的教官！"

"因为是位特别教官！"

"不错！听说是您的校长特别交代的。"

"这就是特别的含意！"

"好了，太多的特别，会引发您那特别的精神，所以——"

"话就特别的多了！"

"会影响您的身体！"

"有时环境需要讲特别多的话！"

"您是说授课？"

"是的，你可知道我每天要讲多少话？"

"几个小时？"

"十二小时以上！"

"难怪您的——"

"说下去。"

"对不起！职业上的秘密，也是规定！"

"特别的？"

"就算是罢！好啦！您该休息了，我去找医官！"

白衣护士像只白色的蝴蝶飞走了，没有等候梦云的任何回答，轻盈地飘然飞去。

白色的病房里，恢复了原有的死寂，连那份微微的鼻息声也消失了，余下的只是多话后显得更加孤寂的一个尚属不知病情的病人。

没有多久，病房外传来了咯咯的皮鞋声，由远而近，终于随着启门的声音，来到了梦云的病床前。

"觉得怎么样？"

修长的个子，瘦削的面容，鼻梁上架着一副宽边的近视眼镜；白色的外套，使人想起救苦救难的观音菩萨。他正是梦云的主治大夫，此刻两手捧着病历表，不时用右手食指推着眼镜架，两眼望着梦云，面上的表情很严肃，没有职业上的亲切感，但说话的语气充满了关注的感情。

梦云的心里暗暗在想：这大概就是所谓的"面恶心慈"型的一类吧！其本身可能是具有高明的医术，处处以"治愈"为前提的个性，是属于踏实的人物。如果，一个病患者有了他的主治，应该是属于希望大的幸运者。

"感到好疲倦！"梦云老实地回答。

"那是必然的现象！"

"什么病才会这样？"

"需要照了X光之后才能确定。"

"可能的诊断？"

"妄下诊断是医生的大忌！"

"什么时候照X光？"

"明天上午。"

大夫说完，把病历挂在床头，然后嘱咐梦云多休息，最后向特别护士交代了几句，便径行离去。

夜，更深了。

特别护士稍作安顿，向梦云道了一声晚安，并说明了翌晨上班的时刻，随即也移步离开了病房。

病房中，遗下的是一片无限的寂静。

梦云的思维里所拥有的不是眼前，而是漫长的夜，遥远的未来——

不知何时，梦云睡了。

不知何时，梦云醒了。

早餐，一杯鲜奶，几片土司，一小碟豆腐乳；特别护士用铝质餐盘，送到了床头的小方桌上。

梦云朝那杯白色的牛奶瞟了一眼，然后说：

"我是不喝加了蛋的牛奶啊！"

特别护士故作神秘地一笑，反问道："您以为加了蛋？"

"在你们的营养学中不是如此？"

"在您的营养学中呢？"

"素食长寿！"

"佛祖的忠实信徒！"

"应该说是佛陀！"

"佛陀的信徒是为了长寿？"

"为了智慧！"

"必须素食？"

"学佛的德行！"

"是什么德行？"

"大慈大悲！"

"与素食有关吗？"

"不伤生命，不食他肉，就是慈悲！"

"蛋不是肉，也无生命！"

"卵生为有情众生发源的一种。"

"什么是有情众生？"

"有情感反应的生命，譬如痛苦、挣扎、反抗、悲鸣、泣涕等行为。"

"众生的发源，还有些什么？"

"胎生、湿生、化生。"

"什么是湿生呢？"

"蝼蚁、水族等。"

"什么是化生呢？"

"蚕、蛾、虫、蝶等。"

"佛教的生缘理论好精细！"

"佛教中的唯识学更精细！"

"以后再向您请教，先把这杯没有加蛋的牛奶喝了！"

"你怎么知道我的饮食秘密？"

"贵校贵系的大主任！"

"什么时候来过？"

"您昏迷的时候！"

"还有谁？"

"上自贵校的校长，下——"

"好了，不想知道得太多。"

"为什么？"

"人情引人伤感！"

"可是善感？"

"并不多愁！"

"多智慧？"

"如果是，当归功于学佛！"

"牛奶也是智慧的泉源！"

"饭食尽皆如此！"

"白痴与低能者，不都饮食吗？"

"同样也喝牛奶！"

"……"

彼此沉默了，梦云在慢慢地用着早餐。

梦云的病很不轻，需要长时间的治疗和休养，经过院方近一个月的研讨，结果决定把他转到南投县的一所专门性疗养院。当时，这种结果使他的服务单位主管很是不满，经院方再三与之磋商，纔定下了六个月返校的"规"约，原因是服务单位少不了他！

到了南投之后，疗养院的确为他下了一番功夫，无论是病房、医药、注射、护理等诸般事宜，几乎都超出了一个上尉官阶应有的待遇！可是，梦云的病并无多大起色，大量的链霉素，只是徒增他的耳目受罪，脑神经发胀。诚然，所谓的欲速则不达，此刻正是最好的证明！事实上，这类的富贵病，所需要的是长时期的休养和足够的营养。

时经六个月，梦云的身心已近平静，病况成静止状态。此时，适巧"国防部"派员清查"长期疗养病患"，调查具有"志愿退役休养"能力者，经登记调查后，报请"国防部"许可退役休养。当然，梦云合乎条件，办理了志愿退役休养的登记，决定还复本来面目，回到深山林壑，名副其实地长期休养。

不久，院方经奉上级通知，准许梦云办理"因病甄退"，于是，梦云先行办理出院手续，然后回返服务单位，办理退役手续。

事经两月，一切进行极为顺利。

退役了！

梦云经一位曾经受教的学生介绍，找到了高雄县境内的一处原始森林，地属甲仙乡，与六龟乡邻近。诚然，山高水远，风光明媚，处身林间，不闻烟火味，不听鸡犬声，有若世外桃源，无比的清净与宁静，可以说有过之无不及！

山居，梦云换上了僧装，寻得一片峭岩顶端，搭建了一栋两个隔间的茅蓬，一间辟作佛堂，一间作为卧室，厨厕等在茅蓬后面另建了两个小间，再往后，开辟了一片菜园。饮水是来自后面高山的流泉，全部用小竹子导引至厨厕，远胜城市中的自来水，既免费，又清凉，甘甜可口，确然不是凡俗之人所能享用得到的！

　　一切处理妥当，梦云整整耗去一个半月的时间，自建自辟，不假人手，搭造得整洁雅致，令人深体"刀耕火种"，唯独苦行禅和的骄傲！

　　可不是么？梦云曾居大陆时期，原本就是一个苦行禅和，如今事隔四千个日子，干起活来，仍然是驾轻就熟，不减当年哩！虽然，他身罹疾病，应该是心余力拙；但是，在佛陀的慈悲加庇之下，打进山那天而至现前，好像满怀的病苦，早已不药而愈了！

　　梦云深居林间，正勤精进，除了必须购置食物，他几乎不愿迈动下山的步子；甚至，有时情愿在山中采食野生植物，像木耳、茱萸、猪母草、茯苓、黄精等，也不肯浪费时间，耗去来回十个小时的宝贵光阴。他常常提醒自己，消失了的四千个日子，在戎马生涯中，虽然经验了许多的世间事，学到了许多的世间法，可是，如逆水行舟的出世间法，却使他不能不为之焦虑，认定未来的日子，唯有具备令人肃然起敬的道德与修养，才能顺利地支撑下去。

　　为此，他不惜牺牲依之生活固定可靠的八成薪，甘愿领取一次退休金俸，永远断绝尘俗一切事物，而完全地做一个比丘，行持苦行禅和生活！

第三部

海天之旅

甲仙，位于南台湾的中央山脉，地属高雄县，丛林茂密，流泉飞奔，獐鸣鸟唱，蝶舞蜂翔。洵然，风景宜人，山水如画，是一处僧伽遁隐的好地方。

梦云得友人介绍，引导着来到老藤窝的一个山谷，谷的四周，都是高山峻岭，四面溪流回绕，合至谷口成为一股暴流，怒吼奔腾，有似千军万马，的确气势雄伟，壮观之极。

谷中有一片莽莽森林，进到里面，根本不见天日；平坦辽阔，约有十余顷面积，名副其实是一处原始森林；土壤质松，肥沃无比；似乎是在等候梦云去开发的林地。

到达谷地的头一天，梦云选择了一片近溪流的巨石林，在石上临时搭建一个帆布帐篷，算是住宿处。几块石头，稍一拼凑，便成了炊食的地方。云水生涯，梦云过去在大陆经历了二十多年，山间林下的日子，他是颇具经验的，石床竹枕云为帐，煮泉煨芋和月吞。就这样，临时的"家"算是安顿了。

紧接着是建搭茅蓬的工作，预计一蓬三间，厨厕在外。首先，他巡视了一下地势，居高临下，一望无际，是建寮搭舍的理想地方。他选定了谷左的悬崖之上。第二天，腰挂水壶，手持柴刀，在山壑之间寻找应用材料。割茅草，砍山棕，拣屋梁，选栋柱，大中小竹子等，花费了五天工夫，才准备就绪。然后，平地基，竖柱填坪，架梁造顶；盖茅草，修水沟，编墙糊壁，装门安窗；近十天的辛劳，总算茅蓬建搭圆满。剩下的，便是厨厕浴室，以及室内的床、桌、椅、凳等，竹树充材，藤筋系缚，泥石造灶，竹引山泉，不到二十天的辰光，梦云独立搭造的"茅庵"，先是双手皮破血流，而后是一心轻快安享，这大概就是所谓的苦前乐后的自我消受罢！

自得其乐的成果，梦云给它取了一个名字，叫作"休休庵"！崖下的山谷，叫作嚣禅林！正所谓："休休禅嚣庵前落，绵绵山水脚底流！"

茅庵初创，设佛堂，添用具，一个月的时光，就这样，在忙碌中消逝了。若不是秋收刚过，寒冬已临，梦云的开垦计划，仍旧有得忙的。计算开山整地，以独自一己的需要，最多半个月的工作足够，索性就等到来年开春时再说罢！再说，刚刚住进茅庵，还复本来面目，也急需要好好修行，正勤精进一番哩！

梦云结庵冬夏，以禅为主，礼忏次之。

提到"禅"，过去四千个戎马的时日中，梦云的工夫一直在保持着。鉴于他自幼披剃，诸山参学，所修所习，便以"禅法"为生死道本，从来不曾迁易。虽然至今不曾"桶底脱落"，也契合机宜；一片"钓水疯僧"的敲门砖，倒也铿锵有声；何况几度苦行参学，自我虚心历练，不能说没有奠定良好基础！

至于"忏摩"之法，梦云自知业障深重，唯有仰仗佛陀慈力，赖以忏法，得减宿罪，入于法乐。务期禅悦为食，法喜充满，以厚植还复本来面目，于未来的僧伽生涯中，真正达到"看破，放下，自在！"的圣智境界。

因此，冬夏的百日中，梦云以行持般若三昧的精神，立下了如下功课预订表：

四时三十分　早课

五时二十分　禅定

六时三十分　早粥

七时四十分　礼忏

九时四十分　参禅

十二时十分　午斋

十三时十分　禅定

十五时　　　阅读习字

十七时十分　晚课

十九时　　　礼忏念佛

二十一时　　正经行

二十二时　　参话头

二十三时半　礼忏

一时二十分　养息

百日行功，虽然不定有成，但是，如此的安排，旨在鹄候来年春耕之前，不愿空度岁月，耗费了一去不复还的好时光。再说，待到春耕时，如上的功课，事实上将是不可能的，必须利用"刀耕火种"之余，而行修心养性之功，才是住茅庵、乐苦行的真正生涯！

住山，以过去行参大陆善德，为亲近知识而住茅蓬，为发愿限期取证而苦行，均属临时性质，说不定，一朝数夕，一年半载，明日又天涯。而今，僻居海隅，一切与大陆时期的僧伽岁月，无论是风气、道心、规范、典模，处处均已大不相同。因此，梦云的住山，乃是长久之计；确有老死此山中的打算！

　　初离戎马，原本忙碌而紧张的生活，如今虽然自订繁忙的功课，但，与军营相较，梦云的日子，反而变得安详、恬静、平实；满心中，禅悦淡食，法乐无穷，尽除尘嚣烟火味！当然，自幼出家的梦云，耳濡目染，早就厚植菩提道种，于心、于意、于识，处处都已根深蒂固，任环境如何变迁，怎也改不了他的一份与道共存亡的情感！

　　山居，清新的空气，净洁的流泉，兽行鸟飞，远黛近绿，乍起山岚，变化万千，无边的景色，静谧怡人。确然，那内里的点线，任画笔也描绘不出来；其间的韵律，任琴键也弹奏不出来；唯独久居其中，将心身毫不保留地投了进去，才能产生出可意会，不可言传的相应之境。犹若风入松林，俨然天籁，蕴孕通达；像千军万马，偃铃息鼓，悄然滑过林间。其中的情趣，不是言语、音韵、笔墨所能表达形容的！

　　不过，风物山川，如画似歌复若诗，而在梦云的心目中，此时此刻，已不复初来时那样：见山是山，见水是水；心念间，充塞的尽是浓浓的道！极似古德们的情怀：见山不是山，见水不是水。正所谓，置身庐山内，不知此身何处！这便是一个行者，不时在追寻的忘我境界，所欠缺的，只差何时得：见山仍是山，见水仍是水了！

　　"山中方七日，世上几千年"，虽然只是形容"仙凡"之间的时间差距，但是，山居远绝尘嚣的日子，于感觉上，的确，光阴似箭，日月如梭，山麓的村落，几声鞭炮响起，随即带来了春的消息。几阵绵绵细雨，大地蓦然萌茁了新绿；不经意间，春耕的时刻已经降临，农庄田野，掀起了此起彼落的山歌，唱出了农忙播种的欢乐。

　　梦云自也不会例外，暂时改变修行的方式，从事山居"日出而作，日入而息"的庄稼生活，效行百丈怀海的"作食"风范。

　　春耕，山上的活计不同于田野，梦云得地方老农的指导，开辟出近两甲［注：一甲为十分］的山坡地，遍植闻名全省的"甲仙芋仔"，以及将近一分地的"旱稻",所耗工资虽然多了一些,但以老农们的经验,待到收成之后,除去开销,所余盈利,足够梦云一个人一年半的生活费!

因此,他深信老农们的经验,至少是不会使他亏损的。何况,自己零零碎碎地种些黄豆、瓜、蔬菜什么的,一年下来,吃穿便可无虞了。

住山,生活所需不缺,修行的心情,就可以减少许多的负担,所拥有的时间,也就无形中增加。梦云的生命过程,前三十年在苦行中度过,早已懂得如何住山的诀窍了,甚至称得上经验丰富,现前的日子,可以说是驾轻就熟,从容愉悦之极!

雨季来了,芋仔地里的杂草萋萋,起先是梦云独自锄除;后来,草的苗长速度,像是跟他竞赛,待到前畦刚拔尽,后畦草又生。无奈何,只好托老农代雇临时工,以快刀斩乱的方式,三两天,遍除杂草。芋仔地上,绿叶迎风,雨珠滑落,顿然洋溢出秋收丰硕的希望。虽然,一季作物,需要耗去两次除草的工资,但是,同样的雨季中,梦云在近乎原始的森林里,发现了一项额外的财源:那就是甲仙山区,凡海拔八百公尺以上的高山,每逢雨季的来临,林间那些横竖败朽的枯木,结满了野生的木耳。

天然的山产,只要勤劳,不需成本,每天可以采收六十斤左右;机遇好一点的话,可以达到百斤之数,经过烘干,以每十斤湿木耳即能净得一斤。三到四个月集下来,卖给山产收购站,综合所得,除去支付工资,尚有足够的盈余,换购半年的食用油。诚然,这在梦云来说,可以称得上是一份意外之财!

雨季,梦云住甲仙山间,开始消受第一个雨季。雨季中,除了忙着拔草,使芋头获得更多的养分;大部分时间,便是穿梭于丛林里,采撷野生木耳,可以增加额外的收入。五月,梦云住山以来,第一次回到凤山,办理领取退役金的手续;归程中,在旗山转车的时候,遇见了一位林姓青年。

"师父，让我跟您出家做和尚！"林姓青年操本省口音，说话的时候有点畏缩，表情诚恳。

"做和尚？刚想出家就要做和尚？"梦云虽然明知世人不谙教内法则，但是，只要有机会，他总会为之解说一番。

"就是跟您一样。"

"我现在也不是和尚！"

"那您是——"

"住山的苦行比丘！"

"住山？您是住在山里？"

"自耕自食，草木为邻。"

"那太好了，我向往已久的生活！"

"你不怕吃苦？"

"书上记载山林苦行，最容易与道相应；洒脱自在，是真修道人！"

"什么书上这么说？"

"高僧传记中。"

"是宋代的？明代的？还是近代的？"

"没有注意——"

"当小说看？"

"……"

梦云见林姓青年有些尴尬，把话题转了方向，说道：

"好啦！这且搁下，我问你话，不要随便作答，但必须发自内心！"

"请您问。"

"为什么想出家？"

"人生变幻莫测，近两年来，家庭迭遭变故，感慨良多；偶然读到一些佛书，好像找到了些什么。"

"因此而发心的？"

"是的！"

"如果不是发生变故？"

"我——"

"不要找答案！"

"我——"

"思索的理由不踏实！"

"总得因故才生感慨的！"

"好！先不谈出家，这就跟我上山住一段日子再说！"

"这就去？"

"不想去？"

"想！想！"

"那就去买一张往甲仙的车票吧！只一张，我已经有了！"

就这样，林姓青年跟上了山。

世事确难预料，多少意想不到的事，往往突然会显现在面前。这些事，在宿命论者来说，归之于命运的安排；在基督徒来说，是上帝的意思；唯独以一个佛教徒来说，认为那是"因缘和合"而成。

不是么？林姓青年跟梦云一见投缘，上了山之后，像是回到了他一直梦想的世界，有着发自内心的喜悦，能说不是"缘"么？！

林姓青年是客家人，家道原本小康，务烟农，有兄弟姐妹四人；父亲是位笃实的庄稼汉，母亲比父亲更淳厚朴实。三年前，父亲为一位表亲作保，不幸为外人所骗，把两甲多烟田赔了进去，剩下的只有后山腰一片四分大小的香蕉园。哥哥不忍全家陷于饥饿，刚结婚才两个月，以赤手空拳的姿态，带着妻子，到高雄讨生活去了；好在姐姐早已出嫁，无须为她未来的日子担心，妹妹只是个小女孩，对中落的家境，小心灵尚未受到太大的影响。唯一促使全家沦于悲苦的是父亲，为了家生突变，起先仅只吁叹，不久病倒床头，终于事发后不及一年，怀着怨苦而与世长辞了。为此，母亲原本有病的双眼，悲伤过度，不多久也失去了光明；频频的遭遇，一件接一件，降临到他们这个为"担保"而破落的家。更可悲的是，去年八月，他的母亲也撒手人寰了；一幢红砖老屋，也随着二老的病和丧事属于别人了，若不是后山的香蕉园不值钱，没有人愿意承购的话，的确，他们兄妹，连搭个茅蓬，聊避风雨的地方也没有了！

家庭的突变，往往影响一个人的思想与观念，难怪他要说感慨良多；进而于佛书中好像找到了些什么，自非信口开河的说法。

在山上住了七天，每天梦云什么也不指导，只是领着他工作。有时到芋头地里除草，有时漫山寻找木耳，有时锯柴劈柴，有时修整环境；整个白天，几乎都在工作，除了早晚两堂课诵，夜来礼佛参禅，可以说谈不上"修学"二字。

这天夜里，晚课做完，林姓青年虔诚地跪在梦云的面前，肃然地说：

"师父，弟子决心出家，请您慈悲。"

"你妹妹怎么办？"

"家兄可以照顾。"

"跟我出家，过这种山野生活，什么也学不到。"

"我有自信，必定能如所愿。"

"什么自信？如什么愿？"

"佛缘当前，如此而已。"

"发现了什么？"

"师父曾说：臆测就是妄语，等待时间证明弟子的想法。"

"切莫画虎类犬！"

"那是不曾见到虎的缘故。"

"你见到了？"

"常住此山中，应该见得到。"

"虎会食人！"

"不伤佛性。"

"好一个不伤佛性！好，山僧允你所请，先下山去处理俗务，回山时，自备衣裤鞋物，山僧没有多余！"

第二天，林姓青年下山去了。

梦云为此意外收徒之事，曾在佛前祝祷，但愿尽己所能，孜孜于后学。他是过来人，深体求道者内心的渴望，以及超凡入圣的理想。多少希冀中的编制，多少远景里的安排，虽然，那些并不同于象牙塔里的幻想，或是年轻人虚妄的美梦，但是，其间的情感深度和胸腔里的热忱，却是异曲而同工的微妙！

道，佛教中所有的叫作"觉道"，行于觉道中的学者，无论是循着佛陀思想的任何一个学派，是三论，是唯识，是华严，是法华，是戒律，是禅那，是真言，是净土（包括唯心的）的修学之人，教下统谓之行者。

梦云本身修学的是禅那，为出生死之苦的切身之学。于教理上，他普遍涉猎，原因是中国的禅祖惠能大师，一部《六祖法宝坛经》，十品宏论中所涉及的经论太多了。他深知一位禅行者的伟大，不是只凭结跏趺坐、行止观、参话头而已，所谓禅通三藏，绝非夸张之说，必须有赖于"圆融"的智慧，与佛陀的思想融会贯通，才能达到辩才无碍的上智之境，的确具备名副其实的"禅"行者条件！

　　山居，梦云初次经历雨季的生活，经山下居民们的指点，事先早已准备了足够的食物和柴薪，虽然，并未做得很完善，可是，有些缺陷仍旧可以补救。唯一的一件，就是茅蓬建造的地点不适宜，居民们告诉他"时有山崩"的危险。基于建蓬不易，他想了想，万一山崩茅屋倒，到那时，再作新居打算吧！

　　大约七天过去，林姓青年回山了，提着一只人造革皮箱，满面洋溢着喜悦。

　　梦云选定农历四月初八日卫塞节，为林姓青年披剃，赐法号智忍，字镜虚，承天岳山法嗣，属临济宗第四十一代弟子。

　　为智忍雉染后，梦云念念不忘时有山崩之虞，特地在茅蓬后面，菜圃的西北边，靠近山涧旁的巨石林畔，选择了一片大约三十面积的空地；师徒二人戴着竹笠，穿着雨衣，极其辛劳地搭盖了一座茅蓬架子。

　　雨季中，茅草不能干燥，容易腐烂，只好用帆布先遮盖住一小间，勉强搁置一些必须应用而且较为贵重的衣物用具，以防万一于未然，也算是一种未雨绸缪的行为吧！

　　智忍入门后，除了勤劳诚实之外，对于觉道的追求，超出了梦云意料的认真，几乎把每天所有的空间，都能尽量利用。举凡学与行任何一方面，处处务期达到尽真尽善，唯恐徒耗光阴。虽然，以其资质和根基，只是接近水准，但是，他深信"勤能补拙"的古训。

　　光阴很快流逝，智忍为生身亡母周年忌辰下山去了，梦云嘱咐诵经礼忏，以虔诚心而功德回向，尽人子之道。

　　时值八月五日，晶体管收音机里报出了台风消息，预测雨量很多，山地更为厉害。梦云独自把住屋中的一些用具安顿了一番，然后把茅蓬四周开了一条水沟。

　　第二天，风势很烈，夹着小雨，使森林中枝离杆折，漫天狂啸。从早到晚，雨，愈来愈大，风，更为肆虐。

梦云静守在茅蓬内，结跏趺坐，默念着观世音菩萨圣号。

风狂啸，雨滂沱，夜也降临了。

风雨摧残着人寰，梦云藏身在森林边缘的茅屋中，忽然听到屋外响起一阵幼童的号哭，隐约地还夹杂着呼唤妈妈的声音，一遍又一遍，那样焦急，那样悲伤——

"莫非是谁家的孩了，在风雨的夜晚迷路了？"

梦云的茅蓬后面，近溪涧旁有一条山路，直通后山的苫浓，间或有人来往；山北，也就是溪涧的对面山——禁地，山上住有三户退役军人，有时由于山洪水涨，河沟不能通行时，也会绕向这条山路。

在狂风暴雨中，号哭声一直不断，梦云为哭喊所动，赶紧穿上雨衣，套上雨靴，亮着手电筒，循声寻去；在强劲的风雨里，虽然四野丛林立，但是，仍旧阻止不了太过激烈的风雨；加以山路又滑，梦云几乎没有办法稳住自己身体的重心，好几次跌倒又爬起来。

号哭声似乎是一直往后山的方向移动，梦云迈着艰难的步履，循着声音寻找，可是，声音变得似远又近，不知道是不是台风的飞旋所影响，使得梦云无法确定方位，唯有像捉迷藏似的摸索着。

好久好久——

梦云在风雨中折腾了将近两个小时，不但没有找到小孩，最后连哭声也消失了，无可奈何之下，只好返回自己的茅蓬。可是，当他走近茅蓬的所在地时，什么也没有了！一片空旷，断壁仍在陆续崩裂，整个茅蓬已随山洪，不知流向何处去了！此刻，梦云被眼前的突变，引发平静的思绪，像奔放的山洪，像狂乱的风雨——

他在想：

孩子的哭号，如果没有生起慈悲之心，安稳地守在茅蓬里，他岂不是随茅蓬而被淹殁于山洪的急流之中了么？！

孩子的哭号，发自何处？何人？风雨的夜晚，于理而论，几乎是不可能的！莫非是护法韦陀菩萨？抑或是观世音菩萨？古有先例，虔诚的修学行者，本身所具的戒体，有戒神维护着；所现的僧相，有韦陀护持着；所持念的佛菩萨名号，有佛菩萨加被着；梦云山居茅蓬，潜心办道，更少不了有天龙八部的护法，所以，风雨之夜，崩山毁屋，化险为夷，总免不了上述的某种原因，而获得如此的庇佑！

不过，无论如何，究其症结，仍然在于那"一念慈悲"；若非如是，即使功高德厚，也难逃丧身失命之厄！正如净名经中所说：

"成菩萨僧，心无放逸，不失众善。"

又说：

"护持正法，不惜躯命。"

佛以慈悲为怀，学佛行者，善良的心性，慈悲的胸怀，才是修学者"佛怀"的德行；同时，也是行于觉道所必需的资粮！

第二天，梦云想到现前住的问题，决意到山下的阿里关村，求教于当地的长者，顺便鸠工即刻造屋，以免为避风雨，常行建造之苦。

当他耗费了一个上午的时间，总算把盖房子的一些准备工作料理停当，待到下午，往回山的半路上，与村民们相遇道途，对方劈头就是一句令人啼笑皆非的话：

"我还以为你死了哩！"

"我怎么会死呢？"

"山也崩了，房子也冲跑了，谁都以为你死啦！即使你的徒弟，此刻还在伤心号哭哩！快点回去吧！小心他一时想不开——"

"好啦！谢谢你的关心，我这就走了！"

谁也知道他接下去要说些什么，梦云打断了他的话，招呼一声，加紧了脚步，朝海拔八百七十五公尺高的苦浓山行去。

不错，当梦云回到住地，但见镜虚盘坐断岩边，痴痴地，凝望那一大片崩落了的岩壁。岩下，黄澄混浊的山洪，夹杂断树残枝，奔驰于涨齐山腰的急流，汹涌、澎湃，像一条庞然巨龙，张牙舞爪，气势骇人！

"智忍！智忍！"

梦云见此情景，已知刚才在路上所遇的村民，道说的那一番话，并没有言过其实。看他那份失神落魄的表情，便可以知悉他内心的不安，已经到了什么样的地步！

智忍在恍惚中有了些许惊觉，回转头，那已经有些红肿的眼睛，触目处，顿然露出一种惊异。接着，忽又喜极而欢悦，倏地站起身来，近乎失态地扑向梦云。豆大的泪珠，夺眶而出，嘴里生硬地喊一声：

"师——父！"

的确，此刻的智忍已失去了控制，是劫后余生的再相逢。紧握住梦云的手，好久，好久，才惊觉到自己的失态，连忙放开手，用衣袖擦干面颊上的泪水。

人，毕竟是感情丰富的动物，梦云虽然身为出世佛弟子，而内在蕴藏的"人之常情"，也不会例外，感受之余，眼角也跟着湿润了。

他暗暗地吸了一口长气，平衡住微微的激动的情绪，然后以安慰而又略带训诫的口吻说：

"一场灾难，化险为夷，这都是菩萨护持行者的慈悲；往者已矣，来者可追，一切我们都得从头开始！"

又说：

"记住一件事，学行佛菩萨，不只是识得道理而已，最要紧的是踏实地去做！"

说完，梦云把这次劫难，对智忍重述了一遍。

当智忍听完了经过之后，心底里油然生起一份说不出的情感。对挺立面前的师尊，泛现的是崇拜、是景仰、是庄严、是伟大，尤其是那份自然的洒脱，随缘的安详，宛若从未发生过任何事情。洵然，定力的修养工夫，不是口头说说而已；教内多少缁素，如同苏东坡居士者，几乎俯拾即是。

第二天，天气还算不错，休休茅庵另行择地营建，将茅庵改为木屋，地点选在原来的庵后，靠近山涧的那片菜园。庵之右侧，刚好就是那处巨大的石林。

木屋的建造，有点像日式房舍，除了走廊只留前面一道，其他大体相同。一间四方平房，包括屋顶在内，全部都是木造。室内隔间，取三连五间式，也就是进门处的正中间为佛堂，左右两间分隔成四房；往右后方，通过一道悬空式的走道，靠小溪边，利用已长成的树做基础，于其顶端加盖一排三间木屋，分别为厨房，斋堂兼库房，浴室兼厕所。

待到新屋完成，已经是年底。除夕的前两天，梦云在巨石林中经行，智忍走过去，故意弄出一点声音，想引起他的注意，然后蹑步趋前。"不要自作聪明，你在石林外，就响起了脚步声，说吧！找我有什么事？"

智忍闻言，内心掀起一阵惊讶，勉强吸了一口气，平衡一下情绪，然后说：

"有一位居士上山来了，说是特别来拜访师父的！"

"他礼佛了吗？"

"有，像是皈依过的。"

"先安顿他的住处，然后带他来这里。"

智忍领命离去，梦云停止了经行，安然地盘坐在一块巨石上，微目凝神，透着一份隐者潜修的安详，和庄严肃穆的神态，洵然，毫无些许烟火气息。

不多久，智忍来了，身后跟着一位中年男士：适中的体型，长方脸，微浓的眉，挺直着腰杆，精神奕奕，一看即知他是曾经受过严格训练的人；尤其是那眼角的几道清晰的鱼尾纹，充分显露出"历尽沧桑"的风霜遗痕，相衬着一双聚光敛神的眼，好像在告诉人们，他的生命过程，曾经是多彩多姿的，突出的表记，正是他人生旅途中所际遇的记录！

二人来到梦云的面前，智忍引介之后，便合十竹礼离去。

中年男士见面便朗声唱言：

"顶礼大禅师三拜！"

语毕，合十礼拜，行五体投地，虔诚恭敬，行止端庄。

"一拜！"

梦云伸展右手，随声言道，并示意一旁坐下。

中年男士小心谨慎地坐在梦云的右前侧，然后合十当胸，缓缓地作了一番自我介绍，音清意简，他说：

"弟子袁克农，世居安徽，复旦毕业后，从事军旅至今，一九四八年皈依虚云老和尚。久仰大禅师道德修养，不同时下诸善知识，故而专程拜候，尚祈慈悲开示。"

沉稳的语调，谦虚的态度，不亢不卑。梦云闻言，暗自嘉许，与其稍事寒暄之后，便嘱自行活动，可以任意到处走走。

除夕夜。

原本梦云师徒二人的休休庵，多了一个袁居士，自然平添一分热闹。三个人，在庭院里燃起一堆熊熊烈火，作为除旧迎新守岁之点缀。尽夜，大多数时间，都是由梦云介绍一些参学内陆时的逸闻，以及各大名山丛林的家风掌故；偶尔，也由智忍和袁居士，发表一些学佛感想和未来的愿望与理想。

三个人，深山围火，煮芋守岁，若非身临其境的人，的确难以领会其中的道情胜境！

一元复始，万象更新。

新的一年，新的开始，人人应该有个新的希望；为未来的三百六十五个昼夜，留下一点一滴皆能茁壮生命的力之源，汇集成灿烂辉煌的时流，让生命盛开智慧之果。

梦云于新正午供时，长跪佛前，合十恭敬，立下了三个愿望：

一、依占察经自恣忏悔，清净戒体，务期获得佛菩萨的证明。虽然，他曾于一九三五年在归元寺具戒至今，并未破斋犯戒；但是，十年一百日的戎马生涯，着俗衣，共俗居，于戒有违，必须清净。

二、环岛行脚，头陀参访，磨炼心性，了解教界；而后再定未来行止，以便供献个己，完成菩提心愿的可靠参考数据。

三、随缘化度，方便弘法，竭力避免名闻利养之牵涉，甚至不惜惹来讥谤，务期贯彻：不管人家对不对，自己一定要对，做对了是应该的，做错了赶紧忏悔的本门家风。

同时，午供后，为一僧一俗说了一些修学精进的法要；阐述修学并进，定慧等持的重要，不可偏执沉沦，而抹杀了可以茁壮的菩提种子！

事实上，教界的通病，其症结之所在，也就是在于"偏执"之上；以至古往今来，学佛的行者虽多，而成佛的贤圣最少！此一通病，倘若不能及时觉醒，大家急起直追，未来的佛法成果史，将是一页一页的空白！众所周知，世俗有"长江后浪推前浪"的新气象，难不成佛座下的弟子，真的一代不如一代么？！

但愿众生不是可怜悯者！

更愿行者皆是慈悲喜舍的菩萨！

年初一的当天，除了梦云发愿之外，披剃不久的智忍师也发了一个愿，而且，是难能可贵的无量大愿：

"愿生生世世做一个比丘，从事济世度人的工作。"

接着，袁克农居士也发了一个愿：

"初三下山，办理退役，然后回山，出尘披剃。"

为此，胡跪于梦云面前，虔诚哀求，先予印可。

当然，护持行者，满众生愿，原本是僧伽的职责，亦为耆老长者们应行的功德。梦云发心大行，自不例外，唯一嘱咐的事，必须住山一个时期，对修学行者的艰辛，有了明确的认识，才可以披剃为法王座下的子孙。基于修学之道，如逆水行舟，若非正勤精进，恒久不变，实在难以成就道业。

新年在新的愿望中度过了，紧接着的是梦云开始践履第一个愿：

"依占察经自恣忏悔，清净戒体。"

梦云深知"戒为无上解脱本"，佛陀入灭之后，弟子们是依法不依人。双树林间，佛陀的遗诫是"以戒为师"，便是依法不依人的最好途径。占察自恣，事非寻常，依其忏法，必获瑞相，感应交道，方达清净。

梦云为戎马十年一百日，虽然未曾犯过，以至晕腥；但是，去袈裟，着戎装，已破戒相，依律应该重授。后得教界某上座之建议，而行占察之法。那时，二人议论的经过情形是这样的：

"原具戒何处？"

"湖北汉阳归元寺。"

"戒和尚是哪位大德？"

"立明老和尚。"

"从戎之时，是否自愿？"

"非也，拉夫而来。"

"军营中，有否破斋犯戒？"

“未！”

“既然如此，何不占察自恣？”

“能清净戒体吗？”

“得瑞相即净！”

瑞相，佛典中说，即是吉瑞之相，但得相据于外，瑞据于内；于虔诚清净之余，瑞相显入目，方为相应；不同于幻觉或梦境，可以称之为“感应交道”；《法华经》中有这样的记载，意谓：

“众生之感，与如来之应，其道互相交通，显然契合。”

《法华玄义》中说：

“无量巧应，略说有四：一者冥机冥应，二者冥机显应，三者显机显应，四者显机冥应。”

唯占察自恣，行法之余，必须得“显机显应”之瑞相，方始完成清净之佛证，不可如仪而行，草率了事！

记得归元寺武老曾说：

“四白羯磨，五大比丘证之，不如占察自恣，得佛祖显机显应证之！然虽如是，感应可得交道乎？！”

梦云受律法于武老，常怀“破执”的精进思想，欲驾“难行能行”之上，不为“言句”所制，逾越“有修有证”之门，径登大自在的菩提大道！

山林茅庵，此时此刻，岂非是实践笃行的最好机缘么？！尤其，关系到一个出家佛子的慧命，说什么，梦云情知厉害，不可掉以轻心，当然，必定把握机会，虔诚行履，直至如法如愿而后已！

占察自恣开始了，这是个不定时的行法，必待完成于瑞相显现之时；依“信、愿、行”为三大资粮为大前提，以至“证”得圆满的结果。梦云放下了所有的工作，摒弃了其他的修学法门，澄心集虑，制心一处，止一念于占察自恣的行法之中——

梦云从来是"即说即做的人，不拖泥带水，不敷衍塞责"。他深知，唯有脚踏实地的人，才能成就道业，任谁也微幸不得哩！

他更深信，"虔诚是道之盘石"，众生欲从"业"的世界清净出来，那不仅是修一个法门，念一卷经文，持一个咒语，就可以超脱得了的，必须要"正勤精进"永恒不变地去修学，于戒的，定的，慧的三无漏学上勇往直前！

过去，虽然于汉阳归元寺具足大戒，但是，十年一百日的戎马生涯，至少在相上已失去了比丘身；纵然，于体的一面，他是完全清净无染的，而依戒法而言，他必须占察自恣，直至获得了瑞相为止。

一个虔诚的出家佛弟子，是不可以违背了佛陀的遗诫：

"以戒为师。"

为戒，梦云的回复本来面目，占察自恣，是他行于觉道上的第一步！

占察自恣的行法，依明朝智旭大师所著"占察行法"而施为，所不同的是梦云把"忏摩"的时间增长，定每昼夜各四支香。

占察行法是依《占察善恶业报经》而出，是经中有"忏悔法"仪式：大意是"于静室中，一心诵念（佛法僧三宝），日日如是，行忏悔法，勿令懈废"。行法时间，依个人业力而得清净，至少经二七日，最多经千日。为证已得清净，必须获得善（瑞）相；唯过去已具三聚戒者，未犯基本，可以仰告十方诸佛菩萨为师证，一心立愿称辩戒相，总举三种聚戒，仿"自誓受"而求清净戒法。

这种恢复清净的忏悔行法，主要是已具或未具戒者，在难求清净善师时，依其"善恶业报之占察"，礼敬恭敬，十方诸佛菩萨为之师证，一心念诵，一心礼拜，一心忏悔；于二七日、三七日以至百千日，获佛菩萨的证明，现诸善境瑞相，即得清净，圆满忏法。

梦云依法奉行，虔诚恭敬，于二七日满，三七日初，即得圆满清净。当时，夜深人静，梦云长跪佛前，立愿清净戒体后，将以棉布沾油、燃顶供佛。蓦地，但见满室漆黑，伸手不见五指；不久，呈现淡淡雾光，起先是一道扇形，起自佛前，渐渐光度越来越强，以至金碧灿烂，刺激闪耀，令人眼目昏眩，神智随之失去了清醒；唯一所能感受得到的，是头顶本有香疤，突然呈现一十二个透亮的圆点，满室金光照耀之下，圆点显得更加银白，透体一抹清凉，令人倍感轻快、祥和。随即，室内金光顿熄，仅剩下原先那一道扇形的雾光，笼罩住梦云的身躯，由上而下，紧紧地裹住全身，过了好一阵才逐渐消失。

梦云清醒了，伸手摸摸自己的头顶，凉凉的，发出一阵异香，说不出是何种香味，久久洋溢满室而不散。他赶紧顶礼膜拜，感激佛陀慈悲印证。

此刻，已近黎明，梦云等不及天亮，把事先准备好的棉布与黄豆油取来，将棉布剪成铜钱大小，一共三层，沾满豆油之后，平放于头顶，然后用一棉花团，沾油点燃，置于头顶的棉布之上，任它慢慢地燃亮起来；同时，面前展开《金刚般若波罗蜜经》，合掌胡跪，一心诵读，朗朗出声——

时光随着诵经声流去。

棉布与豆油随着火焰化去。

空间的存在，已只是"虔诚"的充塞，就像是胡跪于梦云身后的一僧一俗，庄严的神态，肃穆的表情，四只眼，凝视着梦云头顶上的燃灯，静静地，时间的脚步已停止于功德进行的变化上。

他们所见，起先是赤红的火焰，还冒出摇晃的黑烟；慢慢地，火焰变成了金色，进而转蓝，浮起微露黄金色的火焰，恍惚于蓝光的尖端，时隐时现。

不知过了多久，火焰熄灭了，念佛声随诵经声停止了，室内一片沉寂，户外已显露了旭日初升的豪光。

这是一个可爱的早晨。

梦云燃头供佛圆满，礼佛起身，对智忍和袁克农二人交代了两件事：

第一，他即将下山行脚。

第二，嘱咐袁克农办理退役，然后来山接受披剃，以偿平生愿望。

早餐后，稍事打点，梦云相偕袁克农下山，至甲仙小镇后，然后分别取道，各奔自己欲去的方向。

原本，年初三的那天，袁克农居士就打算下山，由于梦云燃头供佛以报"占察忏法"得佛圆证之恩，是教界难得一见的盛举，故而请求逗留下来，参予殊胜法缘。也因此，袁克农居士的出世心愿，获得了近似冲击力的增上缘；甚至后来正勤精进于向上一着，步入大死大活而彻然觉悟的胜境，也是此时所厚植的菩提种子哩！

梦云下山行脚，他的行程是由屏东往台东，而花莲，而台北；南下，返山。但是，为了袁克农居士披剃的事，决定花一个月的时间，先走完东部的行程，然后再作打算。

离开了甲仙，经杉林，旗山，高树，夜宿广修寺。该寺住持是位日籍比丘尼，待人很和善。寺中设有念佛会，特别邀请梦云讲开示。梦云下山前，早已立愿，欲随缘化度，接引众生。是夜，以念佛四大资粮为题，作了一次简要的开示。

所谓四大资粮，就是信、愿、行、证，凡念佛求生西方极乐的愿心行者，其起信、发愿、行履、证道，是一系列的条件；也可以说，是超出六道轮回，通往极乐世界的旅粮。

　　梦云不是修行西方净土法门的行者，但是，有心做个随缘化度的比丘，事实上较之一个讲经座主困难。因为，座主的说法，只是销文释义，依文宣法，完全是偏于"理"边的事；而做一个随缘化度的比丘，必须八万四千法门，门门都具知识，虽然不一定经验烂熟，至少拥有"行脚僧"的特长。

　　行脚僧，百宝箱，虽不精，有千方。

　　这是中国内地无史实可考的传统，举凡行脚僧，似乎大多数都胸罗万有，辩才无碍；只要不叫他们背诵经文语句，其余剖疑解惑，的确不容易难倒他们。究其远因，大概个个都是六祖惠能大师的嫡传弟子吧！

　　第二天，早粥完了，梦云背起包袱，捐起方便铲，告假离去。

　　越龙泉，过内埔，出潮州，经枋寮，到达枫港已是暮色苍茫，这一天的路程，几乎中途都没有休息。

　　枫港是台湾南部通往台东必经之路，沿海岸线走，到恒春，直往鹅鸾鼻；折向东，入山区，是弯路陡险，有名的南回公路；这条公路完全是绕山而筑，蜿蜒曲折，起伏不平，全程都是黄土碎石。步行其间，层峰迭起，绵延不绝，但见远黛近绿，不闻瀑布流泉；处处环回，右崇山，左峭壁，险峻万分，其坡度之大，着实惊人，其形势之美，又壮丽无比。梦云在枫港稍事歇脚，未待夜半，便趁着朦胧的月色，踏上了南回公路。

　　这条公路夜间车辆稀少，更无行人，梦云迎着仲春的冷风，一个人，持着十九字的观音菩萨圣号，孤寂前行。浓浓的露水，淡淡的湿雾，拂面的冷风，轻快的步履，拥住梦云的灰衣赤足，洋溢出一份局外人所不能领略的情景。看起来，像什么模样都可以，甚而至是一具神幻的幽灵，巡游于重山旷野之中，也未尝不是说对了的。

　　宁静的山，无声的雾，蹑步的风，醉人的露，以及天上朦朦的月，

143

把夜色装扮成无限的神秘，沉沉地，像梦境，梦云便是这梦境中的夜游神！在梦一般的夜里，漫长而弯曲的南回公路，静静的，除了偶尔暴起两声夜鹰的啼叫，和那忽隐忽现的虫鸣，再也听不到其他的音响；这在行脚僧的意识里，无形中挑起额外的禅潮，像浩海掀起的波浪——

　　"生命的旅程是什么？"

　　"是无数片断的组合！"

　　"是谁组合？"

　　"自我！"

　　"自我又是什么？"

　　"四大五蕴，六根八识！"

　　"聚则生，不聚时自我在哪里？"

　　"在空间！"

　　"空间有自我？"

　　"灭之相！"

　　"既已灭，何相之有？"

　　"生相灭相，不是空相！"

　　"如何是空相？"

　　"色不生！"

　　"色生是有相？"

　　"色灭是无相！"

　　"仍未说出空相！"

　　"问吧！"

　　"如何是空相？"

　　"诸尘不生！"

　　"何异于色不生？"

"是一是异，不一不异！"

夜色愈来愈漆黑，风也愈寒；隐约间，山谷里传来阵阵鸡啼；夜将尽了，黎明在望，在时间的计算上，已经是另外的一个日子。

梦云似是忘记了路程，忘记了脚步，忘记了周围的一切，要不是蓦地里暴起一阵犬吠，击碎了他的思绪，的确，他还不知道自己走完了南回公路，来到了尚武的村庄哩！

尚武是个村落，大多都是山地同胞，房舍简陋，卫生也不太理想，行人道上，到处散落着甘蔗渣、槟榔汁，小孩粪便随处可见。据说此地是个渔村，经济收入比山地要好，但是，一般嗜酒的习性，破坏了储蓄的观念，也可以说，辛苦所得，都耗尽于吃喝之中。

越过尚武，左边是山，右边是海，击起银花的白浪，冲刺在马路之脚；清晨的海韵，和着飒飒的清风，使梦云拥有满怀的惬意，夜行的疲惫，此刻已随晨风飘去，消失于无尽的遥远于茫茫的海域！

行脚僧的日子，原本就是生活在诗情画意里，悠悠如云水，遨游天地间，心无愁滋味，默然境在参，念起无相里，意动若虚幻，因缘和自然，说愚不平凡，一个字，道尽玄机，是什么？安！

安，识得的不少，常住其间的，则可谓少得可怜！为了什么呢？只为众生在一个"贪"字里，为了贪，其心必动，小动小贪，大动大贪，又如何能得"安"呢！而勤于修学的行脚僧，身心意念，一切以修学为大前提，无明烦恼，无由生起。自然，苦乐因缘，必然是：苦也悠悠，乐也悠悠！

梦云诚如其名，住于梦一般的人生，处之泰然，度过云一般的生活，逍遥自在；心如行程中屹立的山岳，意犹眼到处浩渺的大海，实非局外人可以领会得到的！

自古以来，多少学佛行者，不肯承当心性的磨炼，不愿狠心打破自我，一味地沉沦于"好逸恶劳"的世间常情之中；有时，甚至自找理由，原谅自己，说什么"我只是一个正在学佛的人！"殊不知学佛的本义，原就是想尽方法，冲破常情，做一个超尘脱俗的清净佛子，促使自己从迷惑的现实中突破，务期正勤精进地行于觉道哩！

有多少人能如此的觉醒呢？！

早晨的旭日，升起于南太平洋的海上，像个透红的火球，悬挂在映红的海浪之峰，随着波涛轻盈起舞；偶尔，三五只白色的海鸟，也翱翔其间，洁白的身影染成了红色；点缀于晨霞之中，令人觉得俨然是一个个活跃的旋律，奔驰于彩霞与波浪的琴键之上，奏出"晨之颂"曼妙的乐章。

诚然，悠扬天籁，海的和声，相应着梦云的禅思，编织出是诗，是画，是歌，是……繁复而又清晰的意境啊！梦云是唯一的境中人！！

"是禅境么？"

"不是！"

"是意境么？"

"不是！"

"是什么？"

"是因是缘是自然！"

"那是什么境界？"

"是楞严境界！"

"楞严有境界么？"

"有！就像是这瞬息万变的时刻！"

"哦——"

"知道了？"

"变易莫测，却又历历在目！"

"抓不住的不是没有，对吗？"

"唯有身历其境的！"

"这就是如人饮水，冷暖自知！"

"哦——"

刹那的注脚，没有阻止时空的流失，也没有阻止梦云的步子。他，迎着朝阳，披着晨露，踽踽前行——

大武，人车行于南回公路时，几乎都会停下来休息的地方。

这是大武乡公所的所在地，乡级的行政机构，尽都汇集于此，尤其，那些供应饮食的商店，林立于车站的四周，呼唤客人，报喊食物的声音，此起彼落；看起来，此地并不像个招呼旅客的中途站，倒像个零乱的大市场！

市场里，没有梦云所希望的素食，唯一能吃的只有馒头和白饭；当然，以行脚僧的生活来说，不是可以买些什么，而是何处挂搭。在台湾的佛教，没有丛林，更无制度；纵使一些普通的规矩法则，也是无有踪迹；也由于这样，大陆时期的佛教，老一辈的，不知为台湾带来了一些什么？！

梦云无奈，买了几个馒头和花生仁，以及一小瓶豆腐乳，便加快步，离开了这个喧闹不堪的地方，继续前奔的行程。

出大武，紧接着又是依山傍海的道路。

南太平洋的海岸线，蜿蜒而上，恒春的鹅銮鼻是其起始，顺满州而石门，接台东的尚武、大武、太麻里，知本而至台东镇，然后朝东北方向，往成功、长滨而接花莲。

梦云在沿海的公路上，踏着碎石子路面，顶着大太阳，迎着海风，刚越过太麻里的小街道，忽然，一辆踏车擦身而过，随即一个紧急刹车，一个黝黑的中年男子从车上跳了下来，回转身，朝梦云单手问讯：

"阿弥陀佛！"

梦云举手示意，打量了一下对方：但见他年约四十，上身穿的是一件小翻领的蓝色短袖衬衫，一条黄色卡其布马裤，缠着半截绑腿，黑帆布球鞋，已经褪变成灰白色；鼻梁上架一副银丝眼镜，框子很小，有点像舞台上的滑稽人物；加上一顶破了的竹笠，腰间挂着一只水瓶，似乎是位千里单骑的旅客。

他远远地站在那里，等待着梦云走近。

梦云见此情景，心底里忽然生起意念。

他想：

台湾有一等人，以在家学佛的居士身，行出家头陀的苦行，浪迹人寰，到处参学。只是此居士以车代步，有点像现前观光游览的做法。不过，虽然如此，总也是难能可贵的发心菩萨，为道业而从事苦行，同样令人赞叹！

当梦云走到了他的身旁，他把车子停靠路旁，卸下水瓶，递到梦云面前说："法师，喝口水，休息一下！"

梦云摇摇手，从怀里掏出来自己的水瓶，轻声地回答：

"谢谢！坐下来吧！"

说完，梦云步至路边草地，面向海，席地而坐，接着询问对方：

"您是去台东？"

"环岛！"

"旅行？"

"行脚！"

"以车代步？"

"方便法门！"

"想得很周到！"

"另有一番滋味！"

"说说看！"

"说的不如体会的！"

"像海浪的冲击？"

"像沙粒的被洗！"

"沙总归是沙！"

"世界不是来自尘沙么？"

"尘沙来自何物？"

"微尘！"

"微尘又来自何物？"

"四大种性！"

"四大种性又来自何物？"

"心识作用！"

"谁的心识？"

"森罗万有！"

"你有心识吗？"

"我是万有中之一！"

"谁认同？"

"唯心所造！"

"谁的心？"

"唯识所现！"

"谁的识？"

"每一个体！"

"如何了别？"

"见性者了别！"

"你见性了？"

"不敢说！"

"心识哪里去了？"

"——"

居士无言以对，面现愧色，当即起身，虔诚顶礼，然后长跪合十，乞求梦云开示。

梦云站起身来，扶起居士说道：

"我执在前，为无明障，法执在后，为所知障；欲除诸障，伴我一旬，共同参究，当获利益！"

说完，背起包袱，拔腿就走。

居士见状，心生欢喜，赶紧推着踏车，随在梦云的身后，亦步亦趋，朝台东的知本方向走去。

知本是台东的风景区，著名的知本温泉，较之关仔岭、北投、礁溪等地是特殊多了。原因是水色较清，水质较纯，不同于近乎硫黄的药水，对皮肤病虽然同样具有治疗的效果，但是，据当地的人说，更可以促使保健和美化。

朝知本的溪水逆流而上，步行约一个小时，有一座清觉寺，寺内无有僧尼，负责的是一位带发持斋的妇人，和一位外地的老年人。冷冷静静，不闻梵呗，倒是一处离尘远俗的很好的养性之所！

梦云领着居士进入大雄宝殿，虔诚顶礼，默祷佛光普照，饶益群命，然后四处浏览勘察。以整座山寺来说，环境尚称清净，唯独山势太陡，过于逼近，使得阳光不易透入，湿气伤人；加以山门无出路，对面群山如屏障，遮住视野，若非寺前山麓处，有一条湍急的奔流，可以调和环境的湿度，敢说，住在寺里的人，不须一年，尽都要罹患风湿病。

清觉寺的山岚既浓且久，往往待到见着阳光，已是中午时分。基于山岚不比蒙雾，山岚的湿度远超过蒙雾，依老一辈人的经验，岚如刺，雾如沐，前者透骨，后者伤皮。也由于这种顾虑，夜宿山寺时，优婆夷曾有意以三万元出让，为梦云拒绝了。因为，常住于此，他必须考虑到同参道友们的健康！虽然，与他同行的居士一再鼓励，但是，他仍然固执地下山了。

离开知本，梦云领着亲近他的居士，在太平桥下歇脚。鉴于十日共参，他必须把握时间，随机演唱，以尽饶益来者的功德。

太平桥下的溪水清澈，潺潺流动，扬起湍然急步，与游鱼嬉戏石砂之间；轻拂的凉风，使盘坐桥下阴影中的一僧一俗，感到惬意舒畅；一片平和安详的景象，逗人很容易地进入独享的遐思。

梦云抬眼，探视坐在对面的居士，以及躺卧石滩上的那辆破车，忍不住说道：

"人静车静，人坐车卧，孰是孰非？孰善孰过？"

居士闻言，启目茫然，以乞求的眼神，凝望着这位看似年轻的老修行，轻轻地说：

"何非何过？"

"盘腿既不打睡，心里想些什么？"

"念佛参禅！"

"是念佛？是参禅？"

"禅净双修。"

"如何双修？"

"既念佛，又参禅！"

"如何念？如何参？"

"心念心参！"

"岂非二心乎？"

"念参同时！"

"能吗？"

"久了即成习惯！"

"是什么样的习惯？"

"双修并举！"

"乱成一团！"

"不曾乱！"

"先答我问！"

"请问！"

"念什么佛？"

"阿弥陀佛。"

"念他何为？"

"往生极乐！"

"有极乐吗？"

"当然有！"

"根据什么？"

"三经一论！"

"往生资粮是什么？"

"信愿行！"

"信什么？"

"信阿弥陀佛，信西方极乐世界，信四十八大愿，信带业能往生，信九品莲台化众生，信……"

"好了！又愿什么？"

"愿生西方极乐世界，愿得九品莲台，愿能带业往生，愿……"

"好了！又行什么？"

"行持名念佛，行庄严净土，行……"

"够了！这一大堆究竟是有？还是无？"

"当然是有！"

"那么，禅的宗旨？"

"无念！"

"禅的本体？"

"无相！"

"禅的要求？"

"无住！"

"这一堆不全都是无么？"

"是的！"

"念有参无，有无并举，试问，你将如何念参，又如何并举？"

"这——"

"可是乱成一团？"

"不！"

"说说看。"

"半天念佛，半天参禅！"

"也就是说：半天念有，半天念无？"

"是的！"

"如果临命终时，那半天是参禅，你如何去西方极乐世界？"

"不去呀！"

"去哪里？"

"即身成就！"

"成就什么？"

"佛，或者菩萨！"

"既然如此，又何必求生西方？"

"二者双修，总可抓住一处！"

"自相矛盾，一无所成！"

"为什么？"

"我问你，禅法在离相，以无为立旨趣，净土在实信，深信有种种，你如何去分别修学？"

"半天分别呀！"

"前半天推翻后半天，后半天否认前半天，结果得到什么？"

"……"

梦云没有再说什么，望着面前的居士，一脸迷惑与惶恐，似乎沦入了一种茫然的意境，垂首、丧气、幽叹，极端复杂的表情。

好一会，居士咬了咬嘴唇，似是有点硬着头皮的样子，鼓足了勇气说：

"古来不是就有禅净双修之说？"

"是禅师们说？"

"有的是，有的不是。"

"是禅师？"

"传记上是如此记载。"

"有禅的成就？"

"不敢肯定。"

"为什么？"

"自己没有成就。"

"嗯！自古以来，说禅净可以双修的人，大抵自己不是修习禅法，当然，更谈不上所谓的成就了。"

"依您之见？"

"鱼与熊掌！"

"如果弟子想习禅，禅师可否成全？"

"走吧！休息得太久了！"

梦云不作正面回答，背起包袱，迈开脚步，径自拾河床而上，循着公路继续向台东进发。推着踏车的居士紧随身后，亦步亦趋。

约莫一个钟头，二人来到了台东镇，进宝桑路，转广东路，直抵佛教莲社。

台东佛教莲社，系地方上的佛教人士所筹设的，几经法师们的领导，与社者都已成为虔信的佛弟子。可惜，没有多久，社里搞意见分歧，原有的热忱逐渐地消退，仅仅两年，已经常住无人了。

梦云二人由一位在家女居士安顿，勉强住宿了一夜，便离开台东，向花莲方向出发；行程中，并无目标及内容，因为梦云此次下山的时间，原定一个月，必须回山处理山上的事务，包括所种植的芋头、树薯等农产品。

这天，梦云对随行的居士做了安排，告诉他今后应如何从事道业，以及如何处理未来，然后分道扬镳，各奔前程。原本，梦云有意带他回甲仙山上，但他似乎胸有成竹，已经确定了自己的生活方式；尤其，当他知道了梦云住茅蓬的情形，他的内心对私下的安排，好像更加坚定了！

临行时，居士向梦云顶礼告别，并说：

"但愿还有机会亲近禅师。"

梦云仔细打量着对方，见他已届中年，仍然别泪盈眶，隐藏在他那眼镜的玻璃片后，黯然的神色，难耐离绪，不禁私怀颤动，慨然地说：

"缘与机，造成会，心与识，促进情；莫为尘惑，道贵精勤，去吧！见与不见，全在欲见之内容，勿执著，即得自在！"

155

就这样，各自东西。

十八年后，听说他自焚于东部山中。

梦云与居士在玉里镇分手后，便独自继续前程。

东部地广人稀，旅途上极为寂静。

这天，他抵达了凤林镇，镇郊有一所荣民医院，医院的对面有一间莲社，莲友们都是荣民同志，老弱病患，大多数都是生活在病苦中的学佛者。

莲社是一间茅草屋，正计划要改建成砖瓦房；社里的莲友们非常虔诚，大抵都是以极乐净土为法门，祈求往生弥陀愿土。

梦云到达的时刻，已经是夕阳西下，暮色苍茫的时分。夜临灯照，应莲友们的要求，他以"信愿行"为题，作了一次皆大欢喜的佛法开示，同时，更说明所谓"带业往生"的问题，强调念佛求生极乐应有的一些认识，历时达两个钟点。

第二天，上午，为莲友们解答了一些学佛上的疑难，连午斋都没有接受，就匆匆地径奔回程了。

他，为了时间已经届满，必须赶返甲仙的山上。他曾约好了袁克农居士，准备披剃的事宜。他从来都是守时守信的人，无论任何的阻障，即使是天灾人祸，也要竭尽所能，践履他的诺言。

回程中，他是以车代步，从花莲坐至公路局，经苏花公路至苏澳，然后乘火车至台北。在台北购置了一些比丘常用的衣物和罗汉鞋等，然后乘南下的夜车回高雄甲仙山上。

当梦云回到山居，与袁克农居士几乎是同时到达，前后只差一个小时。这使袁居士欢欣不已，由衷地感到"佛缘"成熟，该是献身佛法的时刻了！夜临时，袁居士跪在梦云的面前，虔诚地提出要求，他说："师父！恳请慈悲引度，满弟子平生之愿。"

梦云心中欣慰，深知此人可以成器，尤其是一份能"舍"的热忱，并不是一般人所能做得到的；但是，他的心底虽然如是，而嘴里却提出了一连串的难题："出家的日子很不好受！尤其是清苦的生活，寂寞的时辰，修行的磨炼，于精神与色身都不是容易忍受的！"

袁居士闻言，毫不动容，回答说：

"弟子曾经长时间思考过，差不多都做过分析，不会为任何的境遇而受影响。"

"可曾想过，出家后，未来的日子是漫长的，几乎像宣判了无期徒刑！"

"想过，出家事业，原本就是尽形寿的；尤其是大乘教下的菩萨愿，是生生世世，永不休息，例如慈航法师。"

"你亲近过他？"

"在台湾第二次皈依师父！"

"第一次？"

"在汉阳归元寺，皈依立明老和尚。"

"哦！"

梦云好像忽然想到了什么，沉默了一会，然后说：

"立明老和尚是我的戒和尚！"

袁居士听了，偷窥了梦云一眼，俯首说："惭愧，那时候只是做个形式上的佛弟子，于佛法之实，相距极为遥远！"

"亲近慈航法师，得到了一些什么？"

"为其道心与佛心所感。"

"应该说是菩萨心！"

"阿弥陀佛！"

"还有什么？"

"弟子曾经祈求指点未来。"

"他怎么说？"

"深山顶上有白云，寻求去！"

"于是你来到了这里！"

"事与愿和。"

"不怕违逆？"

"此生事道，侍违侍逆，但求慈悲教诲，其他别无所惧！"

"镜圆先须有破，道圆先须改错；出家事业非同儿戏，唯有究竟脱胎换骨！"

"依教奉行，尽有形寿。"

"好，放心用心，山居有份！"

就这样，袁克农常住青山，除白衣，披剃染，现沙弥相，法号学弘；诚然，法王座下又添孙了。

山居，自耕自食，师徒三人，林间水边，勤进道业。梦云每感大家，为生活耗去时间太多，便往凤山邀约了军旅中退役下来的一个部下，为大家料理饮食问题。退役的士官原系担任炊事工作，自然，驾轻就熟，胜任有余。虽然，所营膳的是素食，在他来说，反而比荤腥之食更加轻松愉快；甚至，他还自动发心，开辟园圃，种植各类蔬菜，衷心供养僧伽，倒也功德无量！

提到这位士官，确有令人赞道之处：他姓章，单名一个凯字，四川宜宾人，进住山居之前，抽烟喝酒，不时小赌；之后，只是僧伽们的办道修养，便由感而悟，由悟而改，最后，竟然把习气完全戒除；同时，还请求皈依三宝，授持五戒，学行念佛法门，一切行止，随众无差，非常的虔诚。

梦云在兰若处课徒授业，除了坡事之外，要求极为严格，作持无不认真，完全依照大陆时期的"茅蓬生活"，些微也不马虎，大有终南山真果长老之风范！所谓：

刀耕火种　以道为重

淡泊色身　庄严法体

心似古树　意若沉潭

能消一业　道长一分

与佛同在　究竟清净

非常事业　平凡修行

永恒踏实　正信虔诚

年年月月　道在识中

师徒三人，共住了一年，梦云的环岛行脚之愿，一直耿耿于怀。他见门下弟子衷心办道的情形，已经可以放心下山了，便亲手编了一个背架，办齐了应用的物品，准备束装待发，践履已立宏愿。

第二天，日正晌午，斋毕，梦云行装齐备，佛堂告假，正欲负架而行，忽然听到学弘的声音，非常严肃地发自门前的竹篱外，道：

"你来这里干什么？"

另一个声音回答说：

"报告老团长！我是来出家做和尚的！"

"胡闹！你把和尚当做什么？"

"吃斋念佛呀！"

"胡说！一点知见也没有，谈什么出家！"

"报告老团长……"

"不要叫我老团长！叫学弘师父！"

"是！"

"先不要多说话，随我进里面去拜见老师父！"

"是！"

"老师父正要下山行脚，看看你的造化如何！对了，还有，见到老师父要顶礼。"

"顶礼是什么？"

"叩头！好啦！小心答话！"

"是！"

二人来到茅庵前，学弘顶礼告罪，并将来人简略地介绍了一番，然后说："师父您先下山，他的事以后再说。"

梦云没有即刻作答，先朝来者打量一下，然后决定地说：

"既来之，吾可改期，难免的障道因缘，亦能策励道业！好吧！里面再谈！"

又说："对了，智忍把我的背架子拿进去，架子里的食物取出来。"说完，领先进到佛堂。

梦云坐定之后，示意大家坐下，然后严肃地说道：

"轻言出家二字，不识出家为何，必然是心中烦恼太多；如此出了家，不离诸烦恼，做个烦恼僧，终究出不了家。"

学弘闻言，会心地点头称是，然后侧首朝他的老部下说：

"老师父的话，听得懂么？""报告老……不，学弘师父，老师父说得很深奥，搞不清其中用意！"

梦云没有等待学弘答话，先接了腔，仍然语气严肃："这就是你老团长所说的，一点知见也没有，如果想出家，便应先从知见上下手！"

"什么样的知见？"

"当然是三藏大典中的！"

"什么是三藏大典？"

"出家人所必须知道的法宝！"

"法宝？"

"可不是章回小说中的法宝！"

"欲出家那么困难？"

"出家不困难，如果只是想改头换面！"

"还有别的？"

"脱胎换骨！"

"如何脱胎换骨？"

"将你一具凡夫之体，彻然清净！"

"如何清净？"

"学佛！"

说到这里，老师父闭目垂眉，寂然不再言语。学弘见状，起身招呼来者，礼谢开示，然后引导着离开佛堂，步向庭院，择了一片巨石坐下。

"已往的不问，谈谈今后。"

"听您指示！"

"老师父尝说：学佛有二途，一是先起信而后入道，一是先入道而后起信，而你两者都不是，如何能够出家？"

"我愿意好好地学！"

"既然如此，暂且住下，先认清环境，体验生活，了解自己，是否真的适合出家？"

"我想应该没有问题！"

"别太自信，须待时间考验！"

"只要合乎情理的。"

"你看看那门框上贴的对联！"

> 住茅庵，莫论佛法，勿离佛法
> 处兰若，忌谈方便，不舍方便

他依言望了过去，顺着念了一遍，摇摇头，茫然地问：

"弄不懂什么意思？好像有些矛盾？！"

"所以说你一点知见也没有！"

"知见到底是什么？"

"佛法加方便。"

"还是不懂！"

"懂了就有知见了！"

"如何下手？"

"学佛！"

"怎么学？"

"由迷转觉！"

"我并没有迷呀！"

"为什么来出家？"

"我——"

"好了，保留你的答案！等到有一天知道了，把答案告诉老师父。"

就这样留下来，每天随大众起居，起初尚能循规蹈矩，毫无抗拒言行；后来，经历了半个月，逐渐地在有意无意中，开始有了怨尤，甚至还跟学弘师斗嘴吵闹。

有一天，梦云因事下山了，山上只有二缁二素，照样出坡，拔草培土，整理农作物。起先，学弘师并未注意他的工作情形，由于不时听到他独个儿自言自语，很自然地侧首探视究竟。结果，发现他蹲在地上，手中的除草刀，一直敲打着一块石头；再看看他的工作成绩，竟然原地未曾移动。

学弘师看在眼里，忍不住询问道：

"是不是身体不舒服？"

他听了，似是极端反感，回说道：

"心里不舒服！"

"为什么？"

"来这里做苦工，为了啥？"

"你不是想要出家么？"

"出家就得做苦工？"

"这里不是寺院，没有供养，山居原本是一种苦行，自耕自食，理所当然！"

"住寺院不需要做工？"

"多少仍得作务！"

"要怎样才不做工？"

"除非具有讲经说法的本事！"

"那不是很简单吗？"

"简单？我学佛这么久了，也不敢谈讲经说法之事！"

"老师父如何？"

"你以为呢？"

"从不曾听过！"

"依你猜想呢？"

"他说的许多话，常常令人搞不懂！"

"因为你懂得太少，几乎等于零！"

"老师父学识怎么样？"

"浅似溪河，深如浩海！"

"他为什么要躲在这里吃苦？"

"这不是吃苦，是一种磨炼！"

"为的是什么？"

"心性的至高修养！"

"为什么不到城市里去讲经说法？"

"随缘化度，厚植菩提！"

"不懂你说的意思。"

"好了，这些暂且不说，先问你，还想不想出家？"

"能不能请老师父介绍，帮我到别的寺院里去出家？"

"不能！"

"没有问他，怎么就肯定了？"

"出家不是介绍职业！"

"可以先问问再说！"

"不必了！"

"为什么？"

"莫说老师父不会答应，我也不会去问，更无须去问！"

"你太肯定了！"

"就算是罢，为了你出家的动机不正，我劝你还是下山的好，免得扰了老师父的清修，招来背负不起的因果！"

"奇怪！老师父答应我留下，你为什么老是要我下山？"

"思想与意愿都不正！"

"我没有做错什么！"

"你不是怕吃苦么？！"

"我可以学讲经说法！"

"哼！"

学弘师感到难过，有意打断话头，哼了一声，便埋首径自工作，再也不理睬他了。

晚上，佛堂里燃着的是一盏非常明的灯，使用的能源是"电土"加水，其光度不亚于电灯，这便是享受科学，利用价值，方便偏远地区电力所不及之处，同样可以不为环境限制，度着光明的时刻。

老师父庄严地坐在上首，两个出家弟子分坐两侧，对面下方坐着新上山想要出家的林居士。老师父缓缓地询问道：

"山上的日子不好过吧！"

"什么都好，如果不做工的话。"

林居士说出了心里的话，冲口而出，不假思索，他的表现似是理直气壮，忘了他必须要考虑的许多问题。

老师父不以为逆，轻声地回答：

"不做工，大家吃什么？"

"住在庙里有现成的，不是省掉许多麻烦吗？"

"庙里的又打哪里来？"

"当然是信徒送去！"

"信徒凭什么要送？"

"供养不是有功德吗？"

"凭什么受供养？"

"好像自古以来都是这样子！"

"受了供养，拿什么回报施主？"

"还要回报？！"

"不错！只是回报的方式不同，像虔诚学佛、勤劳工作、精进修行、弘传佛法、接引众生等等！"

"这么说，我的想法没有错！"

"什么想法？"

"到庙去住，讲经说法！"

"讲经说法？"

"是呀！"

"错了！凡所有经，释迦牟尼佛在两千多年前都已经讲完；我们效行佛陀，只是代佛宣法！"

"就算说法好了！"

"你会说法？"

"慢慢学呀！"

"怎么慢？要多久？一定能吗？"

"应该不要多久，花点时间，读熟了，就可以说了！"

"读多少部？"

"读一部，讲一部！"

"读一部就能说一部吗？"

"应该没有问题！"

"好！你想出家，首先读一部经，读完了讲给咱们大家听，如果能通过，随时可以为你剃度！"

就这样，在他自以为"应该没有问题"的心情之下，他得到了先睹《金刚经》的许可，开始以背书的方式，一段一段地死啃。表面看来，他是非常用功的，但在老师父的评估中，是"为达目的，拼命而已"，终究不能深入经藏，难以获得经中利益！

本来，佛典中最难的就是名相的了解，诸如中梵合译，梵文音译，巴利文讹译等，都不是可以一目了然的；因此，这位"应该没有问题"的人物，翻开经来，一句"如是我闻，一时佛在舍卫国"，便已是丈二金刚了！

如此一来，第一个受累的当然就是学弘师了，他必须耐着性子，从"如是，我闻，舍卫国"一点一点地解说给他听，像教小学生似的，每天两个小时，解说完了便许他自行背诵。严格地规定，解说过的不能背诵，便不开讲新的。

日子在他二人的解说和背诵之下，像溪底的云，随着流水悄悄地流逝，很快地，一个月时间过去了，结果竟然是圆满收场，老师父为他圆顶度化。虽然，学弘心底里为老师父的慈悲感激，但是，想到未来可能发生某些不愉快的事，对师门，对宗教，他有责任维护；因此，他在夜临休息之时，特地邀约了这位曾经是部下，现在是同门师兄弟的崇法师，在茅庵外的石林中深谈。

夜很黑，虽然天空挂着点点星光，由于茅庵前后都是原始森林，微弱的星光是很难透入的；而且石林的高大，隐覆在参天的古树下，几乎连风也进不来，就像是二人的谈话，传不出石林之外一样，密极了。

"崇法师，按佛门的传统，过去不管我们是什么关系，现在我们是师兄弟，我们的师父以上三代单传，有着清净而庄严的祖德，具备了'有所不为'的家风，这是每一位剃度门下的弟子，必须珍视逾生命的事项，肯定地要我们后代子孙，如灯灯相传般去护卫它。"

"是的，当您为我解说《金刚经》时，我的思想便有了很大的转变！"

"说说看！"

"发现了一件从来没有思考的事！"

"什么事？"

"以您的官阶是将领，以您的学历是大学，以您的身份是客座教授，以您的修养从来都是令人尊敬与称道的！"

"那又怎么样？"

"如果老师父不高过于您——"

"你以为我所有的就了不起了？！"

"当然！"

"那么，你以为我们的师父会是如何？"

"当然是高！"

"高到什么程度？如果，我所有的老师父都没有的话，你又作如何想？"

"不可能！"

"假定好了！"

"……"

"你会感到失望？他老没有寺院，没有财产，没有知名度，没有修养，连起码的生活都得自耕自食，你因此会懊悔吗？"

"我——"

"你可知道老师父为什么答应你出家？"

"他开出的条件我做到了！"

"胡说！你以为那是条件？告诉你，那是老师父在考验你有限度的耐性，看你能有多大多久！"

"哦！难怪老师父常对我说：什么是无期徒刑？你坐过牢吗？没有被判刑和坐过牢的人，从来是不珍惜自由的！"

"你听了有什么感想？"

"起初很气恼，后来学忍耐。"

"现在呢？"

"不气恼了。"

"这不是修养功夫！"

"应该如何？"

"对长者，对有利害得失的忍耐，在菩萨行道中，与忍波罗蜜的差距，有如天地之间，几乎是微不足道的！因此，从今以后，你必须恒久地记得老师父的慈悲，千万不要为他老人家增添困扰。"

"我会的，不过，你能不能多告诉一些老师父的事情？"

"老师父的一切，不是从语言文字上即能了解的，必须我们自己从修学中去感受。"

"可是，我对他老人家——"

"一无所知是吗？如果我称赞他老好，是不是就是好？！相反，便是坏？！千万不要有这种想法，正如他老人家时常告诫的一句话：不要以直觉的感受而去论断一个人，因为那只是一种自我意识。"

"可是，我有最大的困惑！"

"什么困惑？"

"他老所讲的话，总是不肯定，常常会叫我愈想愈糊涂！"

"还算不错，你能愈想愈糊涂，已经是非常难得的了；就怕你自以为听懂了，那样才真的悲哀！"

"怎么说？"

"好啦！谈话到此结束，是养息的时候了！将来，这些问题你会自己得解！"

夜深了，山间只是此起彼落的虫鸣蝉唱；茅庵里，仅有的一盏油灯也熄灭了。

山居的日子逐渐安定了，自耕自食，四事无缺，每天有大多数的空暇，可以用来修行办道。

梦云稍事安排，趁着秋凉的好天气，背起行囊，掮着方便铲，步向他那苦行者的旅程。从事"一钵千家饭，孤身万里游，为出生死苦，饥渴度春秋"的生涯。

他的行程预计七个月，将作环岛一周，举凡佛教的寺院庵堂，打算以行参访的方式，一一朝觐礼拜，借此机会对此地的佛法于僧团中所表现的情形，尤其是禅那之道，他身为临济儿孙，上承天童血脉，更有深入认识的必要；因为，那将可以确定他未来的行止，毕竟安立于一个什么样的生活环境。

下山后，经甲仙，越杉林，于出村落时，天色已近黄昏。适巧有一位比丘尼伴着一位老居士，迎面相遇路旁。

原来是一对父女，台南市人，比丘尼法号照定，在杉林乡的后山新辟一处道场，尼师的父亲很虔诚，为出离世俗的女儿变卖家产，选择了这处山林，以自耕自食的方式，隐修林间，兼理方便度众的事业，这在杉林无伽蓝的环境中，如此发心功德，可谓利己利人的菩萨作为。

相遇之后，老居士诚恳邀请，前往该处一游。一则，希求得聆开示；再则，为寺之建设提供意见；三则，时间不早，前往歇脚。梦云原本是个随缘化度的行者，自然欢喜接受，得结善缘，何乐而不为？！

到达山上，已是暮色苍茫时刻，山中尚无电灯设备，仰赖油灯和蜡烛照明，昏暗的情景，较之梦云的茅蓬，能见度差之甚远。因为，他所使用的是"电土"，光亮不逊日光灯，这是偏远地区普遍使用的照明设备。

夜来，稍事盥洗，梦云住在佛殿（临时佛堂）的左侧寮房。寺中总共两男三女，全聚集在寮房中，聆听他道说过去在大陆时期，古德们如何开建伽蓝的愿心，以及艰难困苦的诸般情形；并于述说中参入一些因果和功德的法要，借以阐述正信佛子于任何的言行中，了解佛教的如法和圆满的真貌。

言谈中，照定尼师提出疑问，她说：

"此处伽蓝的创建，大部分是自己的私有财产，假使稍有不如法的地方，是否不落因果？或者是不昧因果？"

这问题不比寻常，多少人往往处此情形下，总以为可以任意行为，一种"反正不是施主的"自我意识，便优先地占住了心智的灵明，迷失于因果造作中而不自觉，反认功德无量，为教为法，贡献良多。

梦云闻言，赞许着回答：

"问得很好，尤其是落与昧的知见，依你所说，简单地回答：凡不如法，皆落因果。"

"该如何做？"

"不昧因果！"

"过去大陆的道场，有谓子孙庙的，不知是什么情形？"

"子孙庙有两种，一种是常住悉皆同属法系，共事师宗，不开外单者。一种是倾家变产，出离尘世，私建道场，以庙为家，不开外单者。"

"这么说，我们是近似后者，又不同于后者。"

"你是说尚有部分资财来自他人？"

"除此以外，我们打算开外单，准许挂搭，接受布施和供养。"

"庙门开，请进来，宿殿寮，吃午斋。"

"请详加开示。"

"这是丛林道场的样子，庙门是开着的，来者不拒，去者不留；挂搭讨单，参访赶斋，只要循规蹈矩，庙就是僧家！"

照定尼师闻言，心生欢喜，并道：

"我们创建道场，目的就是想学大陆时期的风范。诚恳地，请法师慈悲，受聘本山的导师，领导我们走向丛林，改革本省闭塞乖张的风气，尤其是日据时代所遗余习。"

梦云听了，微皱眉头，然后说：

"这次出来行脚，预计七个月环岛一周，而今才算起步，但愿以后有缘，能为这里尽一份心意。不得已的事，希望不要见怪。"

梦云的话使照定尼师不便强求，虽然她有着极端的虔诚；但是，碍了一个苦行者的心愿，她只有暗感福缘太薄，徒叹奈何了。

几个小时的畅谈，使得全寺常住增添了不少佛门知识；尤其是建寺住持等因果关系，几乎是从不曾得以见闻的。大伙儿个个法喜充满，欢欣信受。

翌晨，早粥罢，梦云肩负着行囊，继续他的行程。

途经旗山，进入美浓地界，原先有意去朝元寺，在路上遇到了雷音寺的和尚，立意邀约上山，参观寺貌风光；当然，主要的还是想多知道一些大陆的丛林生活，以及僧伽们的行止规范。这些在梦云这个丛林生涯中长大的禅和子来说，毫无疑问的是识途老马，满腹珍藏，不会叫人失望！

但是，及至山寺，令人感慨悲泣。

寺中大殿，神佛混杂，法物凌乱，眉目不分，甚至香桌供品，有的臭烂；瓶中花卉，凋谢枯萎；寮房闭塞，气味难闻；猫狗挡道，蛛丝网布；庭院荒芜，草与膝齐……总归一句，不堪入目，举步难安。

匆匆一瞥，急速下山，夜宿冢坟，倒觉清净。唉！如何说？！

第二天，梦云以满足好奇心的意念，参访了好几处斋堂。虽然堂里常住大众，尽是戴发阿婆，却也清净肃静；淡泊虔诚交织的境况，是令人感动的。

美浓地属高雄，邻接屏东高树，绝大多数为客家居民，保有潮州与

172

汕头的风俗习惯；地方信仰，神佛共奉，三教同尊；房舍建筑，颇饶古雅，民情热忱，兼具固执；俭朴持家，农牧风范，物产烟叶甚丰，稻薯蔬菜，平畴遍揽；足及之处，确然爽心悦目！

梦云浏览整日，载兴而至黄昏，入朝元古刹，时光已经暮色。方便挂搭，独住左厢客寮，虽承寺中尼师殷勤照拂，而内心是极不自然，原拟早粥后即行离去，复经尼师殷嘱，令往叩关，以长苦行参学见识。寺中结关行者，闻为阅藏大愿，时下僧伽，教理原本不兴，洵乃难能可贵之举，敢不欢喜赞叹！

得护关侍者通知，步入关房前厅，经行数十步，小窗口已经启动。梦云停步回身，抬眼望去，但见一不满四十的瘦弱比丘，鼻梁上悬一副玳瑁眼镜，稍嫌闪动的眼神，直朝梦云上下打量。

梦云见了，合十趋前，肃然问讯。住关行者朝梦云皱了皱眉头，然后训斥道：

"见了法师，顶礼也不会？"

唔？原来是一位法师。梦云的意念中如闪电般划过一道回响，赶紧五体投地，虔诚行礼，老实三拜，然后合十言道：

"请法师开示！"

住关行者，坦然受礼之后，脸色已减少了许多责意，伸手推了推鼻梁上的眼镜，而后开言道：

"出家多久了？"

"惭愧，时久无修养。"

"令师是谁？"

"虚因老和尚。"

"有多老？我怎么不知道！"

妙妙！中国大陆，地广寺大，何处住有几多老和尚，恐怕没有人敢说"都知道"！即使梦云行脚大江南北，塞外边远，不知道的老和尚何止万千！不过，梦云听了，并未流露任何表情，只是俯首默然。

住关行者见状，心里似有警觉，连忙改口道：

"我的意思是告诉你，修行之人，应该多多亲近善知识。"

"请法师指点。"

"你到过台北？"

"去过。"

"认识哪一些老法师？"

"不认识。"

"不认识？像东初老法师、南亭老法师、白圣老法师他们，都是当代高僧大德，你应该去亲近他们！"

"我不想去亲近。"

"为什么？"

"亲近他们干什么？"

"这么说就不对了，他们都是德高望重，修养奇高的老法师，能得到他们一言半语，你就一生受用不尽了！"

"好吧！以后有机会再说。"

"你现在就有机会，何必到处乱跑？既浪费时间，又得不到好处！我劝你赶紧去亲近他们，那样才能得到好处！"

"再说吧！谢谢法师开示，告假了！"

原本就有些傲性的梦云，未待对方回答，随即合十作礼，匆匆离开了关房，离开了朝元古刹，离开了美浓地方，朝高树方向进发。

从美浓的朝元寺到屏东的高树原本不远，但是，梦云此次行脚，主要是各地参访，瞻仰每一寺院庵堂，甚至宫庙观祠；因此，并不急于赶路，为排订的行程序列，去依时圆满完成。

约莫午后五时，梦云到达了高树乡东兴村的广修寺，该寺初名广修堂，创立于一九二八年，系由几位在家居士发起创建，至一九四六年改堂为寺，首任住持为素道尼师。

梦云入寺挂搭，经询，住持尼师远游日本未返；寺中代理人接待，并获邀请作了一小时的净土法要开示，与常住及护法善信们结缘。

开示后，其中有位古姓居士，与之交谈甚洽；也因此，获悉素道尼师乃留学于日本之尼众学院，从事禅宗之向上一着子，可惜缘悭一面，至今仍不曾有机见识，尼师于东洋所学，池中蛙鸣如何？是否搅乱了水底的月影！

古姓居士年约六十，饱学诗文，尤以联对之功，下过不少工夫；可能偏好诗文之故，因此，对禅祖们的偈颂，能背能诵，朗朗上口，熟稔如数家珍。梦云常住禅林，也深觉禅文字之相较，有望尘莫及之憾。虽然，禅法之要，在无念无相无住之妙，但至少每可触机导境，搅翻井池，扬启风雨之势！

记得古德们，曾经与诗家墨客们来往，留下多少机梧，编制多少文采，给后人畅论茶余饼后；有的甚至因之出离，舍官捐位，常隐山水中伽蓝，青灯古佛，暮鼓晨钟，追寻阿耨多罗三藐三菩提之道踪，冀图远三界，出沉沦，得圆满的智慧，入彻底觉悟之寂灭胜境！

梦云此次行脚，原就立下了随缘化度的宏愿，当然，也具备了随缘化度的本钱。因此，与古姓居士，几乎成了彻夜之谭的契友，直到清晨两点，才互道晚安，许下了法海珍重并盼后会有期的约言，然后分手消失于冷夜寒霜的另一寂境之中。

第二天，梦云离开了高树，往里港，中午在新改建后的慎修寺赶斋，到达盐埔乡的慈恩寺，已经天色不早，寺中响起了晚课的梵呗，庄严肃穆的课诵，消除了梦云一天来风雨中行脚的疲惫。

他，夜宿慈恩寺（原名慈恩堂）客堂，适巧住持往外地游化未归，晚课是一群在家善男信女的共修功德。功德圆满，各自还家，留下一位年近七十的女菩萨，由于语言隔阂，无法交谈，便只有单上行功，与毗婆舍那打交道，共游水月性海，捕捉无相踪影，探讨真如究竟之面目了！

翌晨，早粥毕，告假离寺，朝内埔方向进发。

五月的梅雨季，今年来得较晚，时已八月中旬，梅雨绵绵，时缓时急。行在乡间的泥沙路上，泥泞溜滑，自然减低了梦云的步行速度，斜风阵雨，更不是一把雨伞可以抵挡得了。好在他的色身硬朗，并未为此恶劣气候的行程，而使得身体失去健康。

这，正是行脚僧苦行时不可或缺的条件。

中午，梦云在通往三地门的路上，巧遇了一位退役战士。战士姓刘，退役后，以饲养羊鸭为生，一个人住在山麓的溪边，依山傍水，的确是养羊饲鸭的好地方。

刘姓战士信奉佛教，不曾皈依三宝，在他居住的砖瓦房里，中间堂屋供奉有西方三圣的彩色佛像。虽然，他不曾完成近事男的皈戒，但是，已有的行为，却是进退如法的。

梦云经刘战士的邀请，前往他的住处，主要目的是希望对皈戒得到正确的认识。据他学佛而不愿皈依的主因，是由于他服役时在高雄八德路某寺，住持法师告诉他：

"学佛要清净，要持斋，要念佛，不杀生，做善事，功德才能圆满。"

服役时，他想到军人的环境和天职，不敢皈依三宝；退役后，为了现实的生活，不能皈依三宝；时间久了，于僧团中的成员现况，包括德养与庄严，使他感到痛心的失望，便造成了现前不愿皈依三宝的结果。

仅以那位住持法师的开示来说，他就为之极端地反感，他说：

"学佛要清净，众生业重，原本充满了污秽，如何得到清净？当然，光是'要'，不能得到；必须'求'，才能完成。

"学佛要持斋，依佛典中所载，断肉食，乃是佛陀思想中的最终目标。如果开始学佛，既不适合环境，复不调和职业，要持斋，怎能圆融？按理，佛法是人乘最为理想的法，为什么如此扞格缺陷？

"要念佛，这是学佛行者理所当然的事，难道说有学佛而不念佛的人吗？

"不杀生，五戒之首，学佛受皈戒，是为首要修行的条件；佛法中为什么没有方便法门，先予学佛者皈依三宝，待到环境许可了再受持五戒，岂不是可以接引更多的仰慕者？

"做善事，为什么做善事要等学佛了才做？应该是凡有爱心的人，以至任何的宗教，谁都不会忽略了做善事！

"功德圆满，循着要清净，要持斋，要念佛，不杀生，做善事的方法，功德就算圆满了么？佛法中不是以'戒定慧'三无漏学为标的，修六波罗蜜为正道，行四无量心为正行吗！"

刘战士向梦云倾吐了内心中的积郁，希望能够得到正确的开示，以决定他的学佛里程。

梦云听了刘战士的倾吐，发现他的知见不凡，对佛法的认识颇有心得，不同于一般人云亦云的盲从者；同时，从言谈中，更察觉到他不是普通的士兵，几经交谈，果然不出梦云所料：原来他是西南联大出身，抗战末期，响应十万青年十万军的号召，加入了抗日救国的青年志愿军行列。后来，抗战胜利，紧接着内战，再次奉召回营，参加阵仗；直到随军来台，历经训练，后因身体患病，需要长期休养，获准因病退役，来到这个地方，以营牧羊鸭为生，在半休养半工作的情形下，不几年，病体痊愈；在佛法的熏陶下，促使他度着安详宁静的日子。

177

人，无论处于什么环境，如果时刻能够面对一切，去认识、去观察、去发现，久而久之，会很自然地步入佛"化"的觉悟境界。进而，如果能够亲近三宝，依教奉行，持久熏习，那便是行于觉道，真正修学佛法了！

梦云对刘战士作了概念性的开示，同时也告诉他所有的知见是正确的。佛法虽然是绝对之法，但是，也是融会通达、不舍方便之法！要不，将"绝对"当成"顽固"，那便无异是否认"相对"的世间一切诸法了。佛法的珍贵，不是舍弃世间法，而是如何不为世间法所迷惑，如何能得清净自在的突破，也就是所谓的出离。倘若，学佛或弘扬佛法的仁者，不能了解佛法圆融的层次面，那么，可以肯定地说，其人学佛或弘法，相距佛陀思想的距离，的确太远太远了！

刘战士听了开示，心生欢喜，当晚就请求皈依三宝，作为一个名副其实的佛弟子。虽然鉴于目前的生活环境，不能即刻受持五戒中的全部，但是，梦云开示他，待到生活稍为安定，应该变换营生的方式，从事其他与杀生无关的职业。

梦云夜来，为刘战士开示了更多的佛法，并且鼓励他利用时间，自修过去所学，找机会考研究所，好好再读几年书；然后，将大好的生命，借教育的环境，为民族的下一代，奉献自己，捐出力量！

果然，四年后，梦云挂搭关仔岭火山碧云寺时，刘战士已经考上了公费留学，以讲师再深造的身份往美国追求新的教育、新的知识去了。当他出国前夕，向梦云辞行的时候，曾经许下了学成必定回国服务的诺言。

随缘化度，饶益有情，乃是身为出家佛子不可忽视的工作。其间利益，不仅惠及个人，同时，也将为国家民族增强力量！

因此，宗教称之为心理建设的工作者，便也正是完成于政府能力之所不及，而弘扬教法的执行者，毫无疑问，其责任是无可旁贷的！

第二天，梦云离开了三地门，继续他的行程，朝内埔乡进发。内埔乡是一个农业区，村民以客家为最多数，纯朴节俭、敦睦安和的生活方式，可以说是代代相传。以兴南村的真如禅院来说，虽然是个佛教寺院，却保有清净庄严的风范，尤其是淡泊的生活，自耕自食的精神，俨然有似尼庵典型。

时下，教界僧尼的言行趣向，大有与现代化竞美之势；所谓出家佛子的梵行高节，如此以往，不多久，恐将遗风尽失，道范无踪！每思及此，不免潸然泪下，欲语无言。

梦云挂搭禅院，夜来碍于言语的隔阂，没有与常住结法缘，仅为一位初学沙弥尼，传授了静坐之法，并为之解说六波罗蜜菩萨行法，强调戒定慧乃学佛者之生命资产，欲做一个大乘教下的菩萨行者，于世俗的可以一无所有，于梵行的却不能贫乏。

沙弥尼根性不错，求知欲也非常强烈，当她听到"梵行"二字，随即合十求教：

"什么是梵行？"

梦云闻言，心念急剧转动，思维中涌起了感慨莫名的情绪。可不么，什么是梵行，教界的同道，意念中恐将梵行为之淡忘，甚至感到陌生了！

梦云止住了遐思，为沙弥尼做了一次详细的解释：

"梵行中的梵字在梵语中叫作婆罗贺摩，或者是梵览摩，法义中兼具寂静、清净、远俗、离欲、正聚积、自性胜义、荫庇成就等。行乃内心之趣向外境，相应而生造作，有迁流不息的法义于谛理完成之意。"

"多数人说梵行就是苦行，对吗？"

"错了，那是依婆罗门多妻习俗，为升梵天，必须断淫欲；因为断淫于婆罗门而言，是非常痛苦的事，故说梵行即苦行；其实，于出离世俗的道路上，欲突破世俗之业习，无一不是难行之事；所以，佛陀曾说，难行能行，即是梵行！"

"也就是说，凡有助于道业的，皆可谓之梵行？！"

"如是，如是！"

"女众适合梵行吗？"

"障碍比较多一些。"

"请开示详情好吗？"

"讲一个故事给你听，是关于梵行的。"

故事发生在一九三四年的秋天，地点是湖南省益阳县庐山乡（那时为县属第六区）的荷塘村，村口靠近黄栗山麓，有一座叫作"平山"的尼庵，庵主能净师太，座下有四老三少七个披剃弟子。三少中有一位比丘尼，法号学一，时年二十又七，系地方首富萧氏的独生女，萧家老夫妇于学一双十年华时先后去世，原本单薄的人口，除了三数仆役之外，便只剩下她孤独而又年少的一个女孩家了。学一之母于临终托孤能净师太，交代往后一切家财人事，全都尊重"爱女"之意，只要她认为快乐就好了。甚至她的终身大事，无论是出家出嫁，悉无半句谴责，为了避免阻障她应该求得的意志。

就这样，学一怀着"大觉"的信愿，毫不犹豫地投身平山庵，乞求披剃，舍俗出家，成为一位非常难得的离尘佛子。青磬木鱼，冷庵古佛，为未来的人生，求得"常乐我净"极端事业。所谓极端事业，是以奉献自己，接引众生，导迷入觉，获得离苦得乐的饶益，在戒定慧三无漏学的陶冶之下，使自己常住究竟清净的胜境界。

学一尼师具足三坛大戒之后，碍于社会风尚停滞在半开不化时期，莫说是一个比丘尼，即使是个世俗女子，仍然忌讳于抛头露面；因此，她只能局限于平山庵里，没有机会像比丘一般，可以行脚五湖四海，到处参学，能够增广见闻。当然，凡是舍俗出家的佛子，谁都希望在浩瀚如海的佛法中，求得契机相应的行门，为生死大事而正勤精进；可是，她不能，所处的时代背景，社会观念，她不敢冲破现实的藩篱，只有暗自忧伤，偷偷叹惜。直到有一天，机缘遇合，会见了她师父能净师太的唯一同门比丘师弟，论师门关系，可以说是她的师叔；虽然，过去大陆的僧团中，比丘与比丘尼即使是同门，规定相互之间不得认亲，为丛林规范、戒律止作等法则所不许；但是，毕竟法缘是事实的存在，何况她的师叔还是位受新式大学教育的文学士！

那次的法缘似乎是学一的最好助道因缘，虽然，说者无心，却使听者受用。不太繁复的谈话，像稀疏的星光，没有强烈的光芒，但印亮了夜空的点点：

"参学能获饶益么？"

"增长见识！"

"您有计划参学么？"

"明年具戒后便有机会！"

"我可以跟去么？"

"不可以！"

"为什么？"

"谁教你是个女孩？尤其长得那么标致！"

"不要忘了我年纪比您大！"

"再大还是个标致的女孩！"

"女孩就不能参学？"

"参学不是游山玩水！"

"您是说太苦？"

"原因之一！"

"还有什么？"

"太多的不便！"

"譬如说——"

"女性的容貌往往惹来许多麻烦，女性的声音造成许多混乱，女性的身体引发许多骚扰。"

"莫名的分别，冤屈了女性，造成怀璧其罪的无奈。难怪佛说业重逾五百劫，女人是多么的不幸！"

"既知业重不幸，何如清净业障，即身成就！"

"梵行亦不得，即身成就无异妄想！"

"总有可行之道！"

"道在哪里？"

"毁其容，伤其声，坏其体！"

"于戒相违吗？"

"菩提是觉道，为道行难行，与戒不相违，切莫错解理！"

"感谢慈悲开示，谨当依教奉行！"

就这样，学一尼师回到平山庵，潜隐了七个多月，直到有一天，雷音寺的方丈室，出现了一个奇丑无比、令人惊悸的人物，才发觉为什么说者无心，听者受用的事实。

原来学一闻听开示之后，返回平山庵，打破了一只磁质的饭碗，以碎片毁伤了举凡衣裳不能遮盖住的容貌和身体，道道伤痕，红紫刺目；然后买了一些药粉吞服，毁伤了原本清脆柔美的声音。诚然，难行能行，为道苦身心，何异行梵行！

学一尼师走了，荷着背架，赤跣着脚，投入风吹雨打太阳晒的旅程，立愿走访天下高僧大德，学其悟处，磨己心志，锻炼色身，成就法身。

沙弥尼听到这里，忍不住追问道：

"后来呢？"

"后来当然是仍返平山庵！"

梦云为了满足沙弥尼的好奇心，接着又说：

"那是七年以后的事。"

"有没有成就？"

"当她归来，到雷音寺方丈室销假的时候，她什么也没有说，只是轻描淡写地留下了几句话。"

"什么话？"

"别人是一面镜子，自己才是镜中人。"

"什么意思？"

"有所显现，皆是物相！"

"物相以外的？"

"镜的功用，仅止于物相！"

"内在的，如何才得照见？"

"借镜显相，因相返照！"

"如何返照？"

"他山之石，可以攻错！"

"如果是否定的？"

"肯定与否定，同于无则加勉，有则改之；也就是去己之短，再摄他之长！"

"如何确定其长短？"

"撇开自我意识，放弃人我亲疏！"

"具体的说法？"

"多看，看了再想；多听，听了再想；多问，问了再想。有了丰富的资料，便具比较的机会；比较之后，才有选择的余地。"

"如何多看？"

"看人、看书、看事理，集思则广益。"

"如何多听？"

"听人、听讲、听事理，集思则广益。"

"如何多问？"

"看了不懂就问，听了不懂更要问，必须要问许多的人，集思则广益！"

"感谢慈悲开示，夜已深了，请法师休息吧！顶礼法师！"

沙弥尼悄悄离去。

梦云原本盘坐床头，待沙弥尼离去之后，他衷心地想到中国佛教的僧伽教育。如果，现前的教界大德，能够想及"百年树人"的事实，此时此刻，应该是多费一些心思的时候了！

翌晨，梦云离开了真如禅院，继续他的行脚旅程。

出了内埔，朝东南方向进发，入万峦乡。是日适逢台风过境，漫天的风雨，泥泞的村道，行路艰苦，到达映泉寺，已经是全身湿透。尤其是赤踝的脚，泥水的蹓滑，多处皮破血流，污垢渗入其中，不免阵阵刺痛；当热水与肥皂清洗之时，疼痛更加厉害，要不是映泉寺里的老菩萨，拿一些消毒药水和盘尼西林药膏，经过一番处理与包扎，恐怕伤患之处，免不了发炎而至溃烂。

台风与急雨不断地肆虐，梦云无法继续他的旅程，只好暂时挂搭，等候风雨过去。

住在映泉寺，寺众的语言都是客家话，梦云可以听懂极少数的几句，毫无表达能力；因此，他除了自己禅坐和礼佛之外，对寺众帮不上忙，举凡开示法要、阐述禅林事迹等，只有三缄其口了。

　　他想起五明中的语言，不禁惭愧自谴，深深不安起来。因此，他联想到今后跻身教界，免不了要接引众生，而今地处台湾，绝大多数是闽南语系，如果不能熟谙方言，将是困难重重，施展无力！

　　如是，当他礼佛之时，有了学习方言的意愿。

　　梦云在映泉寺挂搭了三天，第四天清晨，早粥后，婉谢了寺众的挽留，迎着风雨，踏上了辛苦的行程，移动的是仍然疼痛的脚步。

　　行脚的本身就是一种磨炼，过去行脚大江南北，所面临的色身之苦，远胜现前百十倍；只因多少年来的环境转变，意识感染，唯恐自己懈怠放逸，才有环岛行脚一周的心愿。如今笃践力行，必须面对艰辛，刻意磨炼身心，些许脚伤，不可过于担心，也唯有切身之痛，才能引发积极的道心，行于勤的波罗蜜法门，深观色法二身的究竟差别！

　　风，像浩海中的巨浪，阻挡着前行加速的步子。

　　雨，像星月的光芒，辐射着代表礼仪的衣裳。

　　交错的声响，演奏着大自然的乐章，搅乱了安谧的宁静。

　　这是个表现出动乱的时刻，行步于风雨中的梦云，此刻，他的心念投入了观照的胜境，似乎早已忘了风雨的侵袭，摒弃了色身之苦的痛楚和艰辛。如果，不是两脚仍在行进的话，已经看不出尚有任何动态的表情。

　　骚乱中，梦云的耳际响起了一个清晰的声音，说：

　　"如此艰苦，你是为了什么？"

　　梦云漫不经心地回答：

　　"自我磨炼！"

　　"有必要么？"

　　"你认为没有必要？"

"不一定如此受苦！"

"磨炼的本身，不是苦的感受，而是道的体验！"

"舍此，就没有别的方法？"

"当然有！譬如二时头陀，朝山礼祖，僻居茅蓬，潜隐山洞，发心大寮，从事圊房等，处处都是苦行！"

"不苦行就不能成道？"

"即使苦行，如果不能从体验中有所发现，仍旧一无是处！"

"你有所发现？"

"旧梦重温！"

"怎么说？"

"曾经耗去草鞋钱！"

"为何不改变方式？"

"自得其乐已成习！"

"新的尝试不是更好么？"

"在你是新，于我早已陈旧！"

"苦行已具，当事法门！"

"如何是具？"

"悉皆体验！"

"发现无止境！"

"法门事理俱备！"

"苦行是助缘？"

"法门的基础！"

"如果有心建高楼？"

"……"

声音消失了，风雨仍在肆虐，梦云的心念回复到现实，稍微震惊了一下，他发觉"五蕴"的变动，作了一次"自我"的辩论。

他下意识地摇了摇头，停住脚步，刹那间，一列急驶的火车飞驰而过；至此，他才发现自己伫立在平交道的边缘。

"好险！"

惊心怵目的一刻，好像有一种说不出的力量，限制了他闯越危险的脚步；他忍不住默念了一声观世音菩萨，待到火车驶远，方始进入市区——潮州。

潮州有一间华严禅院，住持是位年轻的比丘，有股弘法的热忱。梦云到达时正赶上他以幻灯片介绍释迦牟尼的一生，殿前庭院，坐满了当地赶来听法的男女老幼；虽然秩序很乱，有点像看露天电影，但是，为业深障重的沙界众生，种下些许菩提种子，总归也是功德无量！

幻灯片介绍完了，紧接着是由来自彰化县田中镇的邱在居士，播放以闽南语发音的影片，片名叫作目连救母，叙说因果报应和神通变化。故事的内容虽然出入很大，但在心理建设上具有吓阻作用，可以在众生的心田中种下一份"不可造恶"的意识感。

人，原本是生存在无明里，为善为恶，都是处在迷惑的环境中，像大海飘浮的沤沫，随着缘境而生灭；喜怒哀乐，毫无自己，称讥苦誉，受他摆布，就像是牢笼中为人豢养的飞禽走兽，生活在无常变幻的无明里。牢笼本是一种局限，虽然局限中看似快感，却完全被操纵在他人的喜怒情绪之下。如果有心欲突破局限，还我本来，那么，先决的条件是突破牢笼，莫为现前的环境所迷惑。因此，佛教的弘法，便是为众生唤醒这种迷惑，帮助突破其牢笼，务期恢复本来，长驻觉悟的智慧之境。

夜来，梦云于"曲终人散"之余，独自经行在寮房中，久久没有睡意，他在想——

僧伽的教育问题；

187

教育僧伽的师资问题；

培养弘法及住持人才；

改革子孙庙的陋习；

弘法应合乎时潮。

他有自知之明，基于他崇尚苦行，对教务毫无兴趣，充其量为人去疑解惑，随缘化度而已；更何况人微言轻，想想已经是多余的了！于是，他赶紧将思维打住，回到单上，结跏趺坐，入正受三昧，代替睡眠，以恢复日来跋涉的疲劳。

翌晨，梦云离开了华严禅院，径往佳冬进发。佳冬是个近海的乡镇，但居民们大多以农业为生，民情纯朴，生活习惯偏重于古潮州之风，子弟们有耕读的传统，敦邻好客，人情味特别浓厚。

佳冬乡内，有一处佛教道场，名叫超圣佛堂，堂中绝大多数是女众，全部都属客家籍。寺众偏于苦行，具有一份虔诚的道心，只可惜对佛法的修学，缺少领导辅助人才；偶尔有少许路经是处的法师，介绍一些佛法，但那全系断续零星，没有系统的内容，尤其是许多信口开河、胡说八道的浪者型的僧俗，所灌输的绝大多数是"外道"（佛法以外之道）言说，洵乃是令人可悲复可叹的事！

梦云到达之后，当晚经常住的要求，为大众开示法要，讲解《金刚经》的大意。他为了便于与会者容易接受，特地以最简单的方法为之介绍，因此，很让人喜欢，尤其是作问题解答，更是热烈非常。

本来《金刚经》是以无相为宗旨，而经文中处处以有譬喻，以功相较，往往容易导人进诸法之相计中；因此，以问题解答的方式，听者不至如入迷雾，莫辨所以。

当问题讨论过程中，有佳冬国民小学的校长杨居士（后来出家为僧，法号明净），要求重复解说第十六分前小段的经文，此段经文是这样的：

> 复次，须菩提！善男子，善女人，受持读诵此经，若为人轻
> 贱，是人先世罪业，应堕恶道，以今世人轻贱故，先世罪业，即为
> 消灭，当得阿耨多罗三藐三菩提。

自古迄今，注解无数，但大多差异极微，除了少数莽汉，信口开河
之外，依文释义，不难了然。不过，于佛陀思想中的本意，难免有些距
离，不能把经义完全表现出来。

为什么？那就是佛典不同于外典，佛典的深入认识，必须以"戒
定"二学做基础，经过长久的修养，圆具佛法中独特的"般若"之学，
才能通达至高无上的佛陀思想，显露一切诸法无碍的最胜境界；这也正
是社会阶层知识水平很高的人士为什么只能依文解义，不得佛法精髓的
原因。

梦云学佛已久，从小步出世俗，离尘依清，在智慧如海的佛法中陶
冶和熏习。当然，数十年来，遍尝法味，必定有他的修养基础。当他听
到杨居士提出的问题，首先并未即刻作答，只是礼貌地询问：

"以前阅读过其他的批注吗？"

杨居士站起身合掌恭敬地回说道：

"看过，不能很明确地了解。"

梦云举手示意杨居士坐下，以和蔼的口吻说：

"你的疑问在哪里？"

"是这一小段的后半段。"

"依文义而言，应该前后贯通，才能呼应顺达。"

"请法师解说，以启迷蒙，而得法味。"

"好。"

于是，梦云先将经文的名句分别作一番批注，然后回复到启发反问的方式，导入豁然自悟的境界。他问道：

"如果你在读诵《金刚经》时，有人在一旁讥讽地说：'念什么经啊！浪费时间，白耗精神，纵或翻烂了经本，念破了嘴皮，释迦佛也帮不了忙！哼！念经？有钱供你花用？有官供你享乐？有……'此人说了一大堆，你必然心里不好受，请问：你将如何？"

"我会为他解说，让他了解功德利益。"

"他如果不听，反而毁谤经典？"

"业障太重，也无可奈何！"

"依你之见，此人应受什么感报？"

"您是说今生？"

"前生。"

"依经而言，应堕恶道！"

"可是，他今生是人！"

"大概是过去世的菩提种子萌芽了！"

"他为什么还会毁谤经典？"

"这——"

"好，这个问题暂且搁置，再来以当事人做对象，讨论经文的内涵。如果，受持读诵《金刚经》的人，在虔诚修学之下，会为他人轻贱，你说此人业障如何？"

"非常的重！"

"照理说，此人业重，先世应堕恶道，为什么今世来到了人道？而且，还有佛缘，受持读诵《金刚经》，为什么？"

"先世感报已受，今世菩提因缘成熟。"

"为何还会遭受轻贱？"

"业障太重，先世未曾完全报尽！"

"受持读诵此经，能将先世未尽罪业消灭么？"

"如果不为他人之轻贱而动摇的话！"

"好，本分经文最后有两句，可以用来作为结论：经云：当知是经义不可思议，果报亦不可思议。在这里，愿大家珍惜尊重，虔诚受持读诵《金刚经》。"

梦云讲到这里，原定的时间也到了，于是下座散会，离开法堂，回到客堂休息。

夜晚，开大静后，杨居士领着一位洪居士来到客堂，特别介绍他曾经遍览经论二藏，博学多才，是一位优秀的在家居士。

一阵客套之后，梦云发现他具有几分傲然气势，流露几分曾经阅藏、佛理很深的样子；半句钟间，几次提到如今出家人不研经教，一味念佛的责难；但梦云对此类情形早已司空见惯，很难激动声色，反倒顺其势，迎所好，畅谈"是非"；立意于"爱语"中点破挑醒，使其在辩论中发现僧团尽藏龙象，而引发他对三宝肃然起敬。

交谈之余，洪居士突然以禅家的口吻，向梦云启请教益，他说：

"佛有偈言：若以色见我，以音声求我，是人行邪道，不能见如来！且道，如何得见如来？！"

梦云乍听之下，不免有些惊异，及至听到最后一句，引起莞尔一笑，回说道：

"你想见如来？！"

"如何得见？"

"难以得见！"

"为什么？"

191

"你已行邪道！"

"法师莫要凌辱人！"

"何曾凌辱来着？"

"贬我行邪道！"

"若以色见我，以音声求我，是人行邪道，不能见如来！"

"应如何得见？"

"不以色见，不以音声求！"

"如何见？如何求？"

"于佛法中见，于修养中求！"

"我一直在习佛法，也不断地在修养！"

"你见到了？求到了？"

"不敢妄语！"

"已经妄语在前！"

"法师莫要乱加帽子！"

"你已经有了许多！"

"法师喜欢戏论？"

"你呢？"

"禅是庄严的！"

"你是在谈禅？"

"请法师开示！"

"禅是不立文字的啊！"

"离经一字，贬为魔说！"

"不离经时如何？"

"问取祖师西来意！"

"现前一切，一切现前！"

"请法师明示？"

"法师不会禅！"

"你不是学禅的么？"

"我不是法师！"

洪居士没有接腔了，俯首沉思。

梦云见状，轻咳了一声，告诉洪居士，已经很晚了，该是休息的时候了。虽然，洪居士不以为然，但是，看看手表，已经是凌晨一点多了，无可奈何地起身辞去。

梦云送走了洪居士，回到榻榻米式的大床上，结跏趺坐，闭目养神，使自己的思绪澄清下来，然后逐渐地进入禅定，行持正受三昧的工夫，维护自己的日常功课——

翌晨，早粥毕，杨居士来访，邀请梦云下午到他的学校，为全校的教职员讲开示。一份虔诚心意，使得梦云不能推辞，只好欣然接受邀请，答应广结法缘。

这天是周末，下午学校没有上课，大约两点钟左右，杨居士亲身来迎，以步行的"歉意"陪同前往，沿途并介绍了本地的民风，和一些宗教活动情形，语气中，吐露着教内弘法的人才太少，不胜感慨。

不错，以梦云这段行脚时间，所到之处，只是耕食自修，非常保守，缺少弘法利生的蓬勃气象；当然，所以如此冷清，主要原因就是缺乏能说善道的法师！

梦云随杨居士进了佳冬国小，直接来到教务办公室，杨居士为梦云介绍了校方的几位主干，然后推介了梦云的一些过去和现在，简简单单，庄严肃穆。

于是，法会开始了——

梦云以"智慧"为题，说明学佛的利益，如何从世间的迷惑中，运用智慧去突破，然后行于世间却安然地住于觉悟之境，度着洒脱自在的生活。

法会中，有老师提出了看法，他说："是否即为入世之法？"梦云闻言，知道他误解了法的面目，为一些于佛法不够深入的弘法者所惑，于是，他做了一次翔实的解说，他说：

"所谓法，并无出世与入世之说，佛法的本身是以世间法做基础，举凡世间一切有为与无为之法的病端，例佛法如药，如何面对问题，去认识，去了解，发现其中症结之所在，然后突破症结，处理问题，获得圆满的功德。"

又说：

"所谓出世法，应该是出离世间之法，它是说明众生于住世之时，难免被世俗之法而迷惑，因而造作诸业；以过去所造，今世随转，今世所造，来世随转，永远随业轮转，无有出期。因此，释迦世尊为了众生之迷，提示原委，说明理由，教众生如何突破迷情，进入觉悟之道，获得超三界、绝轮回的菩提功德利益。如此，即是出离世间，圆融自在的佛陀教法，至于详细的道理与方法，必须皈依佛法，修学佛法，才能得窥全貌！"

又说：

"所谓入世法，其实是错误的言说，以佛法不离世间的基本理论及其思想而言，佛法的本身是说世法之病，如何面对世法，认识、了解、发现问题，然后以般若为用，以菩提为境，而处理问题，获得圆满究竟的结果。也就是说，无有世俗之法，即无出世之法，唯有了解世法之弊，方识佛法之利，就像烦恼即菩提，便是确切可信的佛陀之法。"

说到这里，有一位老师提出疑问："请详析般若之义？"

梦云点头赞许所请，然后说：

"智慧一词，在梵语中是两个独立之词，智者，梵语阇那，乃是知识经验的累积所成。慧者，梵语般若，乃是依于已有的知识经验，在任何需要表达之时，做到适应、恰当、完好等层面者即是。"

又问：

"菩提的真义？"

再答：

"菩提是梵语，具觉彻悟了之义，故翻译成觉；如菩提萨埵一词，萨埵实为有情众生中之人者，连贯起来，应该是觉彻悟了的有情众生中之人者，故翻作觉有情，简称为菩萨。"

复有老师问：

"法师刚才说世间一切有为与无为之法，据我所知，应该是佛法中唯识系之法，何以说是世间之法？"

梦云闻言，小心地解释说：

"世间的一切诸法，不外有为与无为，佛法的唯识系中例计分五，谓心法、色法、心所有法、心不相应行法，此四者均作有为之法；其次是无为法，二分五类，总共一百，又名百法。"

有人问：

"什么是有为法？"

梦云答：

"凡众缘造作谓之为，从因缘而生之诸般作为，叫作有为。"

又问：

"无为法就是无所作为？"

再答：

"错了！从诸因缘之造作叫有为法，如色法和心法等；而无为法者，本来自尔而非因缘所生之法；如以生住异灭之相而言，有为者具诸四相，无为者不具四相，千万莫以无所作为而误解了。"

又问：

"请问有关资料如何征讯？"

再答：

"论典中有本可寻，如《俱舍光记》《唯识论》以及《大乘义章》等。"

复有老师问：

"佛典中名相繁多，应如何分辨？"

梦云回答说：

"教内现有之工具书，如《三藏法数》《大乘义章》《玄应音义》《象器笺》《法苑珠林》以及诸般论典之参考，可以说都是辅助阅读的典籍。"

又问：

"岂不是太繁复了么？"

再答：

"智慧的追求，觉悟的获得，原本就不寻常，亦如世间的知识经验以及创造发明等，不也是需要时空的磨炼么？就像是各位今天能够成为老师一般，不也是经历了漫长的熏习和陶冶么？"

复有老师问：

"如果把佛经翻成语体化，对接引众生来说，不是更加方便么？"

梦云回答说：

"以你之见，如果把中国的诸子百家、诗词歌赋都翻成语体化？"

"那是不可能的！"

"为什么？"

"第一，典籍太多！"

"第二呢？"

"古意不易保留！"

"第三呢？"

"翻译者难求！"

"怎么说？"

"在能学的有限！"

"还有呢？"

"困难很多，不过——"

"什么？"

"今人已有从事此项工作者，虽然不尽理想，但是凡事总要有个开始！"

"你所提的问题，也正是你所作的答案，佛教的有心人，仍然是很多的哩！"

说到这里，原定的时间也已经到了，梦云表示了一份歉意，然后于热烈的掌声中，由杨校长陪同返寺。

近三永日，梦云在"法"的喜悦中度过。第四天早晨，礼佛告假，离开了佳冬往林边方向，循海岸线，继续他的行程——

不数日，梦云来到了高雄市。

高雄市乃南台湾第一大港口，这是个新兴的都市，交通方便，陆海空客货运的吞吐量很大；市容趋向西化，临海地区更是显著，确有罪薮之嫌。不过，城中佛教非常兴盛，寺院庵堂，分列各区各里；凭借一份庄严的晨钟暮鼓，可以敲醒多少迷途羔羊！

梦云进到市区，第一站是前金区的佛教讲堂，该堂全系在家居士以财团管理的方式组成。董事长赵中秋居士学佛虔诚，尤其热衷于佛教事业，为人好善公益。讲堂聘有比丘负责弘法及寺务，附设幼儿园与佛教图书馆，每月都有定期弘法。最是难能可贵的，举凡过往僧尼，均许短暂挂搭，比起那些子孙庙堂，洵然功德无量。

梦云抵达讲堂之后，很快消息传开，为了该堂信徒的要求，做三天佛法简要开示。这是一次难得的法缘，梦云欢喜从事法供养，略尽出家佛子的本分，这也可以说是他发愿环岛行脚里程中，行随缘化度的本意。

法会中，首先开讲弥陀净土法要，强调"信愿行"三大往生资粮的重要，说明九品莲台化身的真象，以及带业往生的问题认识；同时，更述说庄严佛土与花开见佛的关系。第二天，阐述普门品的精神和法味；最后，讨论有关禅的点点滴滴，尤其是"禅净如水火，不可以双修"的理谛，使得与会者获益良多。

时间在法乐中是疾速的，梦云留下了待期后会的诺言，与听法者合十道别，然后徒步继续行程。虽然，临行前信众中有居士发心护送，甚至热忱地要为他做导引，但梦云旨在参访，增加见闻，顺道随缘化度，于是婉言谢绝了，独个儿迈开步，奔向前程。

高雄市的第二站，是位于八德路旁的宏法寺，寺主开证法师，属于年轻的一辈，侍母极孝，相依共住，定省晨昏；虽然读书不多，于经藏不曾深入，但是，举凡寺务念诵，的确非常熟练，于接引善信方面，也有圆满的方便法门。因此，统理常住，广接众生，可以称得上难能尽能、依教奉行的本分比丘！

梦云在宏法寺挂搭一宿，夜来与寺主谈了一些家常，言语中，发现他是一位有心苦学、难求知识的老实行者。纵然，身为人师，门下已有男女弟子数人，深感无以予教，只好送往北部佛学院，使其接受佛法的熏习，以资师门建树人才，为教尽一份力量。

处此末法时期，如果每一山门，都具如此观念，拥有如此言行，岂非末法亦可大行正法之道么！第二天，梦云告假离去之时，曾于大殿中长跪合十，虔诚祝祷，愿寺主修学精进，常住依教奉行，使寺缘所及，普种菩提，则积微而广，聚少成多，我佛慈光，遍照大地，饶益有情，功德无量。

梦云离开了宏法寺，步向盐埕区，来到了元亨寺。寺址不大，完全是日本式的建筑物，包括殿堂寮房，恰似京都公园里的观音亭，找不出丝毫属于中国式的痕迹，不禁令人生起感想：

"此地是中国，远被奴役的时代已经十好几年了，为什么不拆了改建呢？莫非是被奴役成性了?!"

当然，放眼全台，同样情形的寺院庵堂，岂止成百；甚至多少曾经留学日本佛教的缁素，于言于行，无不以日本的为模式，很少强调中国佛教的丛林色彩，才是大乘佛法的光荣代表！

来自大陆的前辈，包括梦云在内，推展了多少？发挥了多少？不能说那不是责无旁贷的事实！

为此，梦云进入元亨寺，在大殿（佛堂）中礼佛后，造访寺中住持，有心提出建议，晓以利害，以中国佛寺的面目，屹立于南部的大都市中，弘传名副其实的大乘佛法！然而，当他会晤了寺众，得悉上至住持，下及常住，竟然是清一色的在家居士，男女共处，全系家族的时候，他的内心有了刺痛的激动，当即礼佛告假，默然离去。

于是，他毅然决定，远离城市，走向乡村山野，造访所谓福建式的道场，以参各处的伽蓝真貌。

走了一天，傍晚，梦云来到了楠梓的慈云寺。基于时已入暮，不及浏览寺貌，由常住中一位法号心妙的中年比丘接待。稍事漱洗，大殿礼佛销假，然后领单进寮，与心妙法师相谈甚为融洽，尤其是谈及华严要旨，心妙法师的兴味最浓。

原来心妙法师正发心流通华严宝典，据彼透露，曾经礼拜是经，略有所感，并获瑞相之证；于是发起招募，影印流通，广结华藏法缘，以资传布。虽然，他的所谓境界，只是"拜经功德"，未入法界真义，但已经是修学入道的起步了；较之那些信而不入的人，何止以"道"里计！法味之利，起步最为要紧，倘使一直徘徊门外，则尽形寿，永远只是一个改头换面的凡夫俗子！

翌晨，早粥毕，梦云造访了住持和尚眼净法师。眼净法师出身闽南佛学院，同参有北市龙云寺的贤顿法师。当眼净法师与梦云交谈之后，发现他来自小南天，忽尔陡顿生亲切感，原因是他在闽南佛学院参学时，曾遇湘阴法华寺的性空老参禅和，记忆中有着洞庭天岳的年轻方丈，一直心向往之，苦于没有机缘前往参访，至今引为憾事。

而今，心仪之人，会晤海隅，自然倍增欣慰。眼净法师领着梦云浏览寺貌，述说缘起，举例轶事，相谈非常投机；同时，为现前教界的人与事，做了简单的交换意见，彼此感慨之情，近乎大同小异。最后眼净法师做了一个结语，他说：

"虽然不一定要遇境随缘，也无须强他改革，生死接众，悉皆个己愿心！"

午斋后，梦云告假离去，踏上旅程；道途上，他整理了一下见闻，确定了今后参访之时，当以不抱太高希望，借以行为自我磨炼，而无拘束地把行程走完，即使遭遇再多的不如法，也将逆来顺受。

他深深地记得，慈航法师的期盼语：

"多了莫喜，少了莫气，随缘自在，脚下洒脱！"

可不是么?!

梦云出了楠梓，转向大社，直趋翠屏岩观音山大觉寺，有意造访慈霭法师，瞧瞧他与隆道法师惨淡经营的成果，究竟是个什么模样。

大觉寺乃是一所古刹，兴建于清康熙二十七年，由台南知府蒋氏发起兴建；光复后，首由在家善信管理，历经睁净法师等出任住持，都无

第三部　海天之旅

建树；迨至一九五九年，地方人士邀请隆道法师主事，但因隆道法师掌寺数处，无暇顾及古寺改建工程，特请慈霭法师鼎力护持，并由巫姓居士协助，共同为陈旧不堪而颇具历史价值的古刹，创造一番新气象。

梦云与慈霭法师并不相识，曾于一次偶然的机会，在台北得遇金山太沧老和尚，谈及慈霭法师系童年出家，以香火缘而言，称得上是授业弟子，嘱托有机会去探望于他。也因此，梦云有个意念，探探这位不住经忏道场的上海普济寺当家，当然，其中多少含有一些好奇成分。

梦云抵达大觉寺已是下午三点多，在行程中他想到"傻僧"的角色，心念动处，有了主意，于是暗中作了决定，以一个什么都不会的"土佬"姿态出现于慈霭法师的面前，探探对方的"慈悲"有多少！

见了面，佛不礼，假不销，举杯饮茶，等待查问，像个不知何许人也的土佬，也像个莫测高深的怪物；尤其是短褂赤足，包袱雨伞，倒像个名副其实的苦比丘。

慈师见了，微皱眉头，开言道：

"找我干什么？"

"看看，拜访，请教。"

梦云干净利落地说了六个字，慈师露出勉强的笑，回说道：

"寺院改建，没有什么好看；村野山僧，也无可访；至于请教，说说看！"

梦云腹中有谱，早有说辞，从容地说：

"据家师告知，我的师承来自金粟院，说与天童有关，大法师知道多少？"

慈法师闻言，神色略现异样，随即故作镇静，回说道：

"大陆法系繁多，门派更杂，与天童有关的事，我也不太清楚；不过，天童是在浙江，金粟院在哪里？我就不知道了！如果想多知道一

201

些，不妨去台北问白圣老法师！"

"我的字辈就是一个白字！"

"你不是叫梦——"

"那是法号。"

"据我所知，白老在台湾没有同门！"

"我是三代单传，也没有同门！"

"你不是说你也是白字辈？"

"我没有说白老也是白字辈！"

"那么，你应该去问与你有关的呀！"

"不知道谁与我有关？"

"我怎么知道？"

"哦！真对不起！"

"不要紧，好吧！你坐一下，我去叫人煮碗香菇面给你吃。行脚走路，会很苦，需要营养！"

"谢谢，我不饿，这就要走了。"

"很快就好，吃了再走！"

"不吃了，这就走。"

"好固执！好吧！我送你到门口！"

"谢谢，不必了，我自己走！"

"出家人不要客气，送你到门口！"

"谢谢。"

到了门口，梦云转身朝慈法师合十告假，并朝随行的巫居士打了一个招呼。正要离去时，慈法师突然叫住梦云，言道：

"出家人要懂威仪，站立时，两脚要前八后二，不可像阿兵哥，并腿挺胸的！"

梦云闻言，意念中响起"这时才挨到边，不嫌迟了吗？"的憾意，但嘴里连声称"是！"表现很虚心，很诚恳，不过，他并没有顶礼告假。

慈法师脸上和气多了，也露出了亲切的笑容，并且提示着说：

"我告诉你，在大陆上有很多叫梦字的，以后见到大陆法师，可以向他们请教！"

梦云听了，只是心里想到"我说过是白字，为什么偏要在梦字上打转？"但嘴里仍然称"是"，同时，脚步也迈了开来，道声"谢谢"，离大觉寺而投身已近黄昏的迷蒙之中，走向今夜何处是宿头的前途——

想，孤独的。

念，下意识的。

他此刻的情绪有些许紊乱，心识中想到了很多，绝多的成分，像黄昏的余晖，都是落寞之感——

人，强烈的自我意识，几乎长久浮沉于利、衰、毁、誉、称、讥、苦、乐等四顺四逆的八风之中。于顺境，欢天喜地，于逆境，愁眉苦脸，好像随风转动，理所当然。那学佛之道，处正受三昧的大自在功夫，经常摒弃于修养之外！

不免感叹的意念，掺和着唏嘘而默然，他的脚步慢下来了。

夜色已临，四野苍茫迷蒙，起伏的岗峦，看不出是什么样的环境。他只好移步进入，原来竟是一片公墓，一根挺立的水泥柱，隐约可见"燕巢乡公墓"字样。

梦云探视左右，觅到了一处败坏的凉亭，卸下行囊，决定就此露宿一夜，以待来朝，继续明日行程——

夜雾渐逝，晴空万里，蓝天上，星月争辉；清夜凉风，些许寒意，好在他的色身健朗。凉亭下，湿露聊蔽，跏趺坐中，心意识沉浸在清净法乐之中，早已忘怀了此身何处！

明灵中：

"尸腐骨寒，伴着的原本同你！"

"不住于变异之中，何来雷同？"

"有呼吸，有情识，不离变异！"

"不否定变异，不是住于变异！"

"住于何种境界？"

"无有变异者！"

"毕竟是什么？"

"我静他动！"

"既然我静，怎知他动？"

"静在动中，动不扰静！"

"是什么境界？"

"是因是缘是自然！"

"岂非仍在动中？"

"非因非缘非自然！"

"离于因缘自然时如何？"

"是因是缘是自然！"

刹那，像电光火石。

悄悄，于寂灭之中。

星月更亮，夜更深，却无寒意。

虫声唧唧，磷火点点，却不闹嚣。

无云的夜空，无边的静；散乱的坟冢，涵盖了人生！

梦云逐渐恢复了疲劳，稍作运动之后，趁星月的光，背负起行囊，踏上了凌晨的旅途，朝阿莲乡方向行去。

月世界，像个荒漠的不毛之地，尤其是默立于星月已逝，黎明未降，伸手不见五指的黑夜，一幢幢，像一具具噬人的巨魔，恐怖于漆黑中凄凉的气氛，令人不禁有冷飕飕的感觉，毛发为之悚然——

梦云是个老参，行脚生涯早具经验。虽然，眼前的景象令人惊怖；但是，在见多识广的他来说，相反，可以引发更多人生真貌的情愫；就像是菩提来自烦恼一般，可以激起更多闻思之慧，供给思维去追逐，去发现，入于起心动念皆是道的境地！

月世界的地质不同于火山熔岩，似乎所含咸性特高，是否地层下的阿摩尼亚成分过重，因而使得植物难以生存，则有待地质学家的研究。不过，尽管世人视之为奇，崇之如神，但毕竟只是一处地质成分特殊，实不足以迷信什么的地方。

原本，梦云有意建搭一座茅庵于此，借地形地质的特殊，以辟支佛的观照工夫，击发人间世多少迷情惑意，帮助众生行入学佛之道，体认生老病死的众苦之情；但是，环境与现实并不协调，很难有所成效。虽然，将来必定变成观光地区，甚至同样随境而转，有僧于此开辟伽蓝，其不得清净，将是必然趋势。

夜，已使梦云不辨方向，只好卸下行囊，依树而宿，鹄候黎明降临——

寒露随夜风而起，梦云意念阑珊，逐渐进入另一世界：大地一片银白，山峦纤尘不染；立身处，犹若浮起虚空，心念沉醉飘逸轻快之中。

抬眼远眺，一个灰色身影，结跏趺坐，萍飘移动，逐渐来到眼前，直到与梦云相对近尺，才停了下来。

好熟的面孔。

二人涌起相同的意念，做了一个礼貌上的招呼，然后响起轻声的对话：

"既然熟习，何必见面？"

"倘若陌生，见有何益？"

"有益？"

"无害！"

"想付出什么？"

"你不需要舍！"

"扩大领域，有舍必受！"

"好贪！"

"不贪就不会来到这里！"

"有可贪之处？"

"感而发，发而察，察而得！"

"不嫌累么？"

"贪的本身并不轻松！"

"贪了之后呢？"

"舍！"

"为什么这样？"

"有所付出！"

"贪无厌足？"

"舍无止境！"

沉默，二人暂时地沉默了。

周围的环境，清凉、宁静、祥和，俨然如文殊菩萨的清凉世界，普现着银色的洁净光辉，原本漆黑得令人惊恐的月世界，似乎已被这份情境所溶化，一切都改变了，充满温馨与轻快，欣欣然。

不多久，二人又开始对话了：

"舍是有缘亦无缘？"

"随缘！"

"无缘时不舍？"

"舍不是推销！"

"如何成为事业？"

"有无条件的事业么！"

"是什么？"

"完全的舍！"

"舍了多少？"

"无增无减！"

复又沉默了。

洁净的光辉愈明亮。

世界像琉璃，无有丝丝尘痕。

祥和、宁静、清凉。

是一个爽心悦目的时刻。

不久，二人又开始交谈了：

"娑婆世界能如是？"

"净琉璃仍是物相！"

"有无物相的世界么？"

"不是无色界！"

"是什么？"

"无五浊！"

"岂不同于虚空？"

"不是无的世界！"

"离于有无与虚空，即不成世界！"

"若知境界的真义，方识人间净土！"

"你住的可是？"

"无所住！"

"只能意会？"

"如饥渴得饮食！"

"仍不离感性和理性？"

"离则一无是处！"

"岂非要执于物相？"

"本无可执之相！"

"是什么？"

"月世界！"

月世界，不错！午夜的长空，明月坦然现露，把峻峭起伏的光秃泥山，照耀得分外清楚。宁静的气象，没有生态的活动，与外太空的世界无异。原先活跃于梦云感性中的情景，忽然变得狰狞了。

梦云稍事调理了一下思维，然后站起身来，伸伸腰，抖抖手脚，舒展心身；拎起行囊，趁着明亮的月夜，继续他的行程。

深夜，出阿莲，进入关庙的龟洞，经布袋（村）越香洋，到达新化镇已经天亮了。梦云在镇上没有停留，赶到那拔林接天寺早粥。寺主外出未归，内有三数尼师，待人和蔼，临行时，还送了他一个红包（供养）以酬苦行之志，的确令人感动不已。

出了那拔林，踏进山上乡，便是人烟稀少的山野僻壤，零落的农家，显得无比的孤寂，要不是到处洋溢着纯朴的气息，真叫人生起恐怖之感。可能是过于偏僻，梦云一直沿着村道行走，尽量避免惊扰人家，朝东北方向进发，直到抵达青山的李子园，时近黄昏，才选择了一间规模很小的帝君庙，卸下行装，入庙歇脚，算是松了一身紧张的束缚，喘了几口舒适的大气！

李子园地方，早年遍野李子，近年改种芒果和荔枝，虽然尚未达到收成获利之时，但未来的希望，在台湾经济飞跃，百姓生活水平提高的趋势下，丰硕的结果是可以预期的。

黄昏时刻，关帝庙里的一位炉主（轮值庙务的负责人）叶先生，年逾天命，家境小康，在村里担任邻长已经三任了；为人热心公益，膝下三男一女，长子在台北一所专科学校任讲师，次子是位大学刚毕业的实习医生，三女就读师专，幼子在农业学校攻读，有意继承父志，从事农业生产。叶先生见梦云是位外省籍的出家人，对之特别礼遇，所有饮食，吩咐他太太在家里烹调，然后用饭盒送到庙里。

天黑后，他们交谈甚欢，详述了日据时期，他被征作军夫，曾经去过海南岛、菲律宾，在广州市也住过几个月的往事。言谈之下，对大陆锦绣河山非常向往，可惜身为日军军夫的他，除了替日军做苦工，根本就无法畅游自己的祖国，浏览美好的名胜古迹。翌晨，离开了这个偏僻的村庄，叶先生推着踏车，热情地送梦云走出青山，指引往东山通白河镇的方向和路径，然后踏车还归李子园的回程。

东山乡有间碧轩寺，供奉的是观世音菩萨，寺之建设像庙宇，主持寺务的是位老沙弥。唐式裰裤，日式木屐，戴顶网状的毛线帽，瘦弱而且有点伛偻，间歇性的老人咳，不时吐着浓痰；右手的食指与中指，被香烟熏成褐黄色；短髭稀落，满脸皱纹，看不出他有些许出家人的威仪；当他见梦云来到，瞄了一眼，就很快地溜进寮房去了。

梦云无心浏览，朝那尊黑面陈旧的观音菩萨像，虔诚地顶礼离去，走向白河镇的大道，顶着海洋热气压的阳光，沿着护路树荫，继续他的漫长行程。

白河市区不大，建筑平常，街道尚称整洁，有山城纯朴之风；梦云出了镇，很快就进入后壁乡地界。

后壁乡地处嘉南平原，乃宝岛谷仓之最，可谓物产丰饶的好地方；后壁乡的紧邻就是嘉义，市镇颇具都城架构，陆空交通兼备，尤其是铁路系统，除了南北纵贯线，尚有通往阿里山的森林线，以及糖业运输系统。综合地说，嘉义拥有粮仓之誉以外，木材集散业堪称全省之冠。

梦云踏进市区，先找到了佛教会馆，馆以寺为址，寺主心化尼师，系大仙寺开参和尚的女弟子，曾受日本教育，对中华文化及族性都很陌生。在她的心日中，一切好的来自日本，一切坏的来自中国，言语中，总会掺杂一些日文，情愿放弃自己的闽南话。

是夜，梦云为她介绍中国佛教的史实，以及大陆河山，所有名胜古迹不离伽蓝的真貌；尤其是四大名山八小山，八大丛林十六道场，举凡代表佛教辉煌历史的事迹，给予她几乎不敢相信的叙述，促使她发觉身为中华儿女的光荣，潜意识中生起恍然感悟的惭愧。

寺中常住很少，相互之间于俗世的情谊，多少都有一点亲戚关系，因此，令人不免是一处家庵的感受；若非嘉义佛教会馆设立于此，兴办一些弘法和慈善的事业，的确！很难看出她们住持寺务，关系佛教精神的任何行为！

梦云在寺里住了一宿，第二天便乘森林铁路奔向阿里山。

阿里山上有一间慈云寺，早期为日僧所建；光复后，产权归山林管理所执掌，寺中收入微薄，连维持三数人的起码生活都有困难。可能是基于这种原因，寺务无有僧尼住持，仅一老妪充任打扫及照管门户之事。梦云进到寺内，首先交出百元，嘱托买些米菜，并声明将于山中作七日之游；七日中，不定食住，任听方便（按一九六一年，币值不同现今，百元之数，可以购米十斗）。

梦云如此行为，无非聊尽心意，借故结缘罢了！事实上，七日间，他于寺中仅接受了一餐早粥，一碗汤面的供养。阿里山上，景物宜人，处处流泉飞瀑，满眼丛林茂竹；山峦绵延，群峰耸立，鸟唱虫唧，麏叫麂鸣；真可谓静寂时，万籁皆默，动噪时，遍山和应。曼妙的自然景观，超尘脱俗，尤以出色的日出与云海，更是令人神往陶醉！

七日中，梦云漫山游荡，随遇而安，的确涤净了许多烦乱，淘尽了所有思虑。默默地，将自己与大自然融为一体；静静地，像一个漠视宇寰的梦幻者，诚然：

　　山泉涤虑花飞影　　岩头树下守明灵
　　忘我忘世枯情逝　　不沾虚妄不染真

如果说山间林下，悠游自在，胜过天神享乐，那么，此时此刻的梦云，较之天神更加惬意！几乎已经忘了他是正在行脚参方哩！

时间是不能留住的，七日后，梦云踏着时光的足痕，载着轻快的心识，乘火车离开了阿里山，由嘉义走向斗南，然后转入云林县府所在地的斗六镇。

这一天，梦云着实走了不少的路，当他到达斗六的真一堂，已经是入黑时分。

真一堂是所儒释道三者综合性的龙华堂，所谓三教合一的架构，内里却全以佛教为标榜，无论是仪式、念诵、法会，乍看之下，俨然佛教伽蓝。这种堂制，在大陆也很多，传闻这种安排是来自三武一宗之难，为求生存而有的产物，旨在民间对佛教之敬，早已根深蒂固，仅以道教开立门户，是百姓们很难接受的信仰，因此，立三教同堂，影射龙华三会之谶，其实，于佛典之说，如是影射，可谓谬调！

梦云进入真一堂，首先浏览了内部的装饰和设备，看起来与大陆模样大同小异，只是以物饰的价值而言，其差距相当的大。譬如浮雕壁饰，炉鼎灯台，香桌法物等，不够精细，质量平常；尤其是三圣塑像，远不及大陆所制，悉皆出自名家之手，其庄严生动，是中华文化中颇具代表性的艺术之作！当然，海隅泽地，几经变迁，能够保有如是成效，事实上，来自闽粤移民的祖宗之风，已经是难能可贵的了！

梦云边看边想，有些入神之际，忽然迎面走来一位庙祝，朝他打个问讯，然后略询来意，便非常亲切地引导至客堂招呼。客堂陈设简洁，颇为引人好感，即所谓无有浮华之气。

庙祝似乎对佛教有偏爱，尤其是对梦云这位外省籍的苦行僧，除了赞誉之外，对大陆丛林极为向往，惋惜不能与之为伍，参学古德风范。也可能他对于现前佛教的种种，不能满足其崇仰精神的代表性，触发他有着讥嫌身受失去自在的自卑性，因此，他的佛教认识领域中有了偏差，于交谈中，使梦云不得不为之解释。

交谈中的经过内容是这样的：

疑："出家人为何不能四大皆空？"

询："你以为四大空得了么？"

疑："四大都不能空，出家干什么？"

询："你所说的四大是什么？"

对："当然是酒色财气！"

释："佛法不作如是说！"

问："怎么说？"

答："以地、水、火、风四种性谓之四大！"

问："经典中是这么说吗？"

答："是的！"

问："什么经典？"

答："有很多经论谈到四大，譬如《圆觉经》《璎珞经》《最胜王经》

以及《俱舍论》《成实论》等。"

　　问："所谓酒色财气四大如何说？"

　　答："那是道教中的说法！"

　　疑："大陆丛林自耕自食，台湾为什么不一样？大陆来的老法师、大法师那么多，为什么不倡导？"

　　释："大陆丛林并非全是自耕自食，即使寺产庞大，绝大多数是租赁方式，由佃农代耕；实际上自耕自食的都是一些小庙，尤其是寺中成员属于家族性的。"

　　疑："书上许多记载均属子虚？"

　　释："不是，许多记载都是早期古德们的事迹，属于史实文献！"

　　问："为什么不秉承古风？"

　　答："时代的变化，历朝对佛教贬多于护的过程，有许多事是无可奈何的！"

　　问："我曾经问过许多大陆法师，他们的说法跟您不一样，为什么？"

　　答："大陆来台的法师虽多，却很少几位住过丛林！"

　　问："大多数住什么性质的寺院？"

　　答："城市性的。"

　　问："请说详细一些好么？"

　　答："同于现前的台北、新竹、台中、台南、高雄。"

　　问："全是经忏道场？"

　　答："不尽然！有经忏、有讲堂、有学院、有慈善事业！"

　　问："禅堂之类？"

　　答："禅堂虽有，流于形式。"

　　问："您住过禅堂吗？"

答："住过，像天岳、开福、天童以及沩山等。"

问："情形怎么样？"

答："各有千秋，但天童具有代表性！"

问："是不是强调腿子工夫？"

答："早期是很强调，甚至挂单行者，也得具备一个时辰的盘腿本钱；后来逐渐改革了，但每年冬期十七之禅法会，仍然是非常严格的，仕仕十七下来，总少不了打毁许多香板或柳条！"

问："真打？"

答："打还有假的么！"

问："参与者受得了吗？"

答："没有人勉强参与！"

问："中途可以不干吗？"

答："除非溜单！"

问："什么叫溜单？"

答："就是偷偷地溜走！"

谈话至此，他的偏好是禅，是苦行，听了梦云的话，极为向往大陆的禅堂生活；同时，他也向梦云提出指导禅坐及参禅方法的要求。从他的语意中，梦云发现他极为卑视念佛法门，在他，认定念佛太过简单了，应该是属于老先生老太太以及村夫愚妇们的专利；他并不知道念佛法门不是他所想象中的事，即使他曾经亲近过净宗大德，可是他并不了解所谓的"念佛容易往生难"的道理。

于是，梦云在随缘化度的原则之下，慈悲地指导了如何坐禅，如何参禅，以及修学禅法的一些不可或缺的条件，便以疲倦为由，希望早点安顿，以便养息，而结束了并不融洽的长谈。

翌晨，梦云用过早粥，向庙祝告假离去，循着北上的大道，朝林内乡进发。林内有一间圆明寺，该寺的前身叫作林内布教所，创立于一九三二年。到一九四八年才改建为寺，成为林内乡的第一处伽蓝。

圆明寺的艰辛开拓，完全归功于了净及忍妙二师徒，二人虽属尼师身，但为教为法不让须眉；尤其，到后来，忍妙师增添了维定高足，无异如虎添翼，兴建中的寺务，蒸蒸日上，渐趋理想，一所完善的道场，屈指可期！

梦云来到圆明寺，适巧午斋时刻。

用斋时，不知是尼师们尊敬这位苦行僧，还是别有用意，但可以确定，绝非是男女有别之故；因为寺中有一位在家中年居士，是与寺众共住同修的。

饭后，梦云没有停留，随即告假离去。

离开林内，梦云就近探听了通往竹山镇的路线，便循道转往南投县。一路上，山水处处，林园田庄，点缀其间，满眼尽是纯朴的乡土气息，行进间，令人心旷神怡，舒畅极了。虽然，惯于行脚，走遍了东亚地区，尤其是内陆的大江南北，所见的山水之胜，远超眼前的壮丽；可是，日月迭移，年齿与阅历于感性的反应，自然能够发觉各有千秋的情怀；因此，行参的知识领域中，更加容易地显露心识迁流的变异，反映出道业倍增的事实证明。

翻山越岭，度水过桥，竟然走到天黑，没有达到竹山镇，是走岔了路？是根本迷失了方向？梦云停下脚步，打量四周的环境，但见山峦围绕，梯田漫布，脚下村道，迂回其间，鲜见屋宇成庄，稀落的一二砖瓦草房，远村道，伴山麓，孤零冷清，在夜色迷茫中，更是充满了神秘感。

处此情景，梦云没有停留，索性循路前行，决意找一处可供夜宿，能不惊扰路人的坟场或神庙，以便能安度过一宵。

夜，已经有了冷露，淡淡的新月，隐显于云天，梦云忽然惊觉，时正秋末冬初，山野间，夜的气温，侵袭人体，有了些许凉意。于是，他的脚步加快了，希望觅得一处避风之所，以便获得歇息，蓄养明天继续行程的体力。尤其是一个有经验的行脚僧，在行程中懂得如何维护正常的健康，如何应对可能造成的危害。

赶了好一些路，终于来到一间土地庙。庙的建造是红砖红瓦，墙壁抹上平泪的石灰；庙堂内，供奉一尊泥塑的福德正神，白须粉面，在微细的烛光下，洋溢出神秘的神祇力量。梦云在土地庙里卸下行囊，将排列两旁的两条长木凳合并在一起，铺上毯子，然后和衣而卧。

他是太疲倦了，一天来所赶的路长而且远，加以日间未曾用食，仅只吃了一把炒米和一些溪泉，透支了不少的体力，他需要以睡眠来恢复；其他的，此时此刻，只有暂且抛开，置诸心外。

沉沉的夜更深，梦云的心识在疲倦中逐渐迷茫——

这是一间富丽堂皇的殿宇，殿中人群攒动，像是大家在争先恐后围观什么奇人怪事似的；殿之正中，没有供奉任何佛像或神像，仅仅设置了一把长方式的高脚木椅，大小像一张单人床，椅背雕刻精致，盘龙踞虎，煞是生动。椅上，躺着一位身穿百衲衣的苦行僧，作吉祥卧；椅前，挤满了各色各样的人，有的胡跪，有的膜拜，有的合十，有的俯首，站在较远的则争着往前蠕动；殿外，人们似乎在不断地增加，显得非常的拥挤。

他们在做什么？

椅上睡熟了的苦行僧，仍旧安详地睡在那里，挤满殿宇的人群，好像与他无关。

好久，殿中响起了洪亮的声音，发自一位白发白须的长者，但听他说：

"各位！今有僧宝驻此，机会难得，我想请求他为我们开示法要，指点迷津，启迪智门，能得解脱。"

语声甫落，另一位青衣老者皱了皱眉说：

"好是好，可惜他正在熟睡，怎好打扰他？"

"是啊！怎么办呢？"

人群中异口同声，此起彼落，殿宇里掀起一阵骚动。

椅上的苦行僧似是为骚动所扰，缓缓地睁开眼，瞄扫着殿中人群；随即，坐起身来，结跏趺坐，盘踞在大木椅中间，然后启口言道："善哉仁者！诚意感人，山僧身为佛子，开示佛法，广弘要义，乃责无旁贷之事。"

语顿，紧接着说：

"众生沉沦六道，上三者以苦为乐，迷惑不觉；下三者，承受疾苦，不得出期。我佛慈悲，为众生一大事因缘而舍俗出世，寻求解脱之道；前后历经无数艰苦，身心备尝磨炼，直至一日，于菩提树下，顿然觉悟生死真貌；于是，以四十九年岁月，广弘所得，普利群命。然而，无始以来，众业深重，智慧为之障碍，难得出离；因此，佛陀度比丘，付法灯，薪传后世，秉承宣化，接引来兹，饶益众生！"

说到这里，苦行僧环视全殿，但见一个个聚精会神，敛念正心，欢喜聆听；于是，改变方式，朝大众宣说道："善哉仁者！佛法深广，无从说起，不如个别提出问题，山僧当场作答，较为符合实际，以免徒聆山僧自话，不得必须法益！"

此语一出，顿即掀起一阵骚动，交头接耳，议论许久；好一会，才由白发白须老者止住纷纭，高声言道："各位稍作思维，以随问随答的方式，向僧宝领请教益！"

就这样，开始了精彩的问题解答法会：

问："诵经说法，各人方言不同，鬼道众生，如何获取功德饶益？"

答："鬼有五通，不受方言障碍，即使外国鬼类，亦不例外！"

问："岂非鬼比人强？"

答："五通虽具，限于鬼道；是类众生，受感恶报，与无漏之学无缘；一旦恶业受尽，投生他道，则诸通尽失，同诸众生。"

问："住于人道，有无漏通之缘？"

答："修学佛法，即便有缘！"

问："其他各道，甚至天神，亦不可得？"

答："如是如是！"

问："人间祭典，宰杀牲畜以为供品，鬼道众生并不能食，岂非借鬼之名而饱口福？"

答："因此，佛教讲求香花水果为供。"

问："佛教中元普度时，不是以素食大事铺张么？"

答："佛教本无中元普度，七月十五日乃是出家佛子解夏之日；原有目犍连为母沦为鬼趣，纵彼使尽神通相救，亦不得出离，经释迦世尊指示，以解夏日打斋供僧，行盂兰盆会，承彼等功德力，救度目犍连之母。是以，有素食大开施门的做法。"

问："素食同样不为鬼食，何异牲礼？"

答："食乃众生之欲，普施之作，依瑜伽焰口法，而满彼食欲之习气！"

问："食欲习气之说如何？"

答："譬如烟酒之习，即使戒了，习气仍在，饮食亦然。"

问："供养香花水果，又是为何？"

答："一则尊重世尊住世时之教诫，二则以表慎终追远，三则庄严礼仪。"

问："为何不舍世俗之作，而行佛教中之香花水供？"

答："佛教本身，一直如法奉持，唯普施超度，乃顺国之传统，民之遗风。"

问："超度之说又如何？"

答："依盂兰盆会而来，准瑜伽焰口而作，功德无量无边！"

问："禅师之意又如何？"

答："超度是有功德，唯必须认识者，与其死后求他，不如生前自度；就像父母子女之间，与其相互依赖，不如自己奋斗。"

问："生前与佛无缘者如何？"

答："死后唯有仰赖超度了！"

问："超度与被超度有无利害关系？"

答："无有！但超度行法之人，于读诵唱念时，若不能虔诚正念，则所有功德之因果，得由行法者背负，而超度功德并未减少；因此，行法之人于因果的认识，千万不要掉以轻心，以免沦落三涂之苦！"

问："禅师亦信因果吗？"

答："因果律乃佛法之要旨，任谁也不能抹杀！"

问："禅师念佛吗？"

答："倘若识得念的意义，便无有不念之禅师！"

问："岂不是同样修习净土吗？"

答："念佛并不是修习净土，何况禅师同样住于五浊恶世，必须时刻使心识清净！"

问："禅师习禅，意欲何往？"

答："习禅者原本在即身成就，唯山僧愿力不同，但求生生世世为大乘比丘，住此五浊恶世接引众生。"

问："不欲成佛？"

答："成佛乃修证之果位，但山僧无有愿力世界。"

问："什么是愿力世界？"

答："如东方琉璃，西方极乐，悉皆愿力所成！"

问："是否凡所有立愿者，皆可建立愿力世界？"

答："不可！因佛界的成就，固系愿力的庄严，但必需众生之行与信相应，因果律法的串联，往还法相的契合，非仅誓愿而已！"

问："如果行者的成就不达果位，愿力世界能否建立？"

答："无修无证，愿不成力，佛界如何建立？即今之所谓度人，山僧尚且只能认同是弘法利生，不做度他之想；故谓，若欲度他，必有度他的本钱！何况所云度者，必须达到于此岸得度彼岸的境界，方始谓之度也！"

问："如何是弘法利生？"

答："所谓弘法，就是弘扬佛法，将佛法宣说解释于沙界众生，使其获得饶益，即是弘法利生！"

问："于佛法的宣说解释，岂非得入经藏？"

答："唯有深入经藏，证得智慧如海，才能弘法利生！"

问："僧伽中所有僧尼，皆能弘法利生吗？"

答："已深入经藏者即可！"

问答至此，远处传来阵阵鸡啼，大地一片漆黑。

不久，钟声宏亮，震撼原野。

土地祠里，顿归宁静。

东方已逐渐开启了曙色——

梦云为洪钟的震撼所惊醒，揉揉眼，定定神，方始发觉夜来的胜境，竟然是意外的南柯梦；神识的驰骋，与冥灵众生的交往，以一个行脚僧来说，是一些不可执著的虚妄和杂念，应该是属于不清净的！

醒来后，静听钟声不远，心想：那可能就是德山寺的晨钟声。

于是，在水圳中草草盥洗，便整装出发，踏上参访的路程——

竹山德山寺，位于竹产极丰的南投县竹山镇，建寺迄今约二百余年，是一处古刹。现前的寺貌，已经不是"唐山式"的建筑物。据达超与玄清二尼师说，现前的宫殿式建筑物，刚完成不到一个月，前几天才举行落成典礼，法会盛况空前。

寺侧，建有一座颇具现代化的大慈讲堂，完工于一九五八年；目前正筹划建一座极乐塔，以及配合林木景观，开辟为佛教的风景游览胜地。依两位留学日本、宅心仁慈的发心尼师的愿力和德行，应该是指日可待的，加上地方人士的热忱支持，梦云合十祝祷，祝福圆满如意，为宝岛佛教，接引更多的众生。

梦云得德山寺两位尼师殷勤地招待之余，趁着晌午的时光，背起包袱，转向名间乡。

名间乡风景宜人，山水秀丽，境内民情纯朴，闽客两籍，相处融洽；唯一遗憾的是通婚阻碍极大，多少青年男女，因之而远走他乡者大有人在。

名间有一赤水村，村民的先祖来自福建漳州，以陈姓为大户。据说村庄之名，是承沿于祖先迁移至此，于漳州赤水延寿寺，请来清水祖师金身奉祀，时间是在清道光年间；直到清咸丰五年，由陈姓子孙鸠资建寺，并奉祀地藏王菩萨；寺名依清水祖师而得，村名为纪念故乡而定。

梦云来到清水寺，心里甚是不安。因为寺貌陈旧，几近残破。香案上，枯萎了的瓶花，污秽了的供水，以及有名无实的香炉；在在处处，一股败坏了的凄凉，令见闻者为菩萨叫屈，为祖师难安。

于是，梦云卸下包袱，毫不迟疑地动手清扫。心底默念着南无大愿地藏王菩萨的圣号，意念祝祷能有发心僧尼，像德山寺一般，筹募重建，恢复道场庄严。

值此时刻，走进来一位面容憔悴的老者，瘦高体型，略微伛偻，缓缓地步入殿内，用目环视殿中情景，顿然露出惊奇；及至目光触到梦云时，脸色变成由惊而喜，连忙趋前称道，心中至为欢愉。同时，他以闽南语自说自话地表白道：

"我生病了，好久没有来这里；今天感觉舒服一些，打算来好好清扫。唉！佛祖的地方，没有吃斋的人照顾，永远是没有办法的。"

梦云听不懂闽南语，只能从断续的语意中去猜测；不过，他却希望他能说国语，顺便告诉老者，如何恢复伽蓝的庄严。于是，他探询地问道：

"会说国语么？"

老者闻言，心中又是一惊，连忙改口，以生硬的国语，夹杂部分客家语回答道：

"你是大陆人，我还以为你是我们这里的人哩！"

梦云听了，知道可以沟通意见，便将语句尽量放慢，与之交谈起来。

"你是大陆出家的？"

"是的，已经四十多年了！"

"今年几岁呀？"

"四十九啦！"

"那你是做小孩就出家啰？"

"是的！七岁出家的！"

"好啊，与佛有缘，真好！"

"你有多少岁了？"

"四十六，比你小，请多指教！"

"这座寺院，怎么不聘请出家人来发展？那样会得到很多人支持！"

"没有人好请，人才难求！"

"只要诚心去求，一定可以请到！"

"我也希望，因为我身体不好，很对不住佛祖！"

"多求求韦陀菩萨，他一定会护持的！"

"你能不能留下来呢？"

"很抱歉！我正在行脚中。"

"行脚做什么？"

"自我磨炼，发现自己，认识自己。"

"听不懂你的意思。"

"就是苦修！"

"哦！我懂了，你真甘心！"

谈话至此，殿内也整理得差不多了。看看时辰，梦云提出告辞，但未得要领，拗不住留宿一夜的盛情，只好缘随主便，留了下来。

黄昏时刻，天气已凉，时近农历开年，梦云这才想起，对方为什么带病来寺，原来除夕就在眼前，地方上的信徒们，免不了新年来寺烧香礼拜，祈求平安吉祥；他必须把寺内冲洗擦拭干净，以便迎接新春的来临。

但是，此刻梦云心中另有打算，计拟远诸尘嚣，找一处山野，独自排遣世俗之节，而投身寂静深虑之境。于是，第二天凌晨，便悄悄地离开了清水寺，往田中方向走去——

往田中，欲越过山峦，跋涉飞扬黄雾的泥土路。冬天的东北风很强劲，偶尔驰过客运车辆，咫尺之间，不见天日。

梦云有意进山避节，便毅然破黄雾而行。可惜爬上山岭，举目探望，脚下去向，紧接着的就是下山坡；原来并非绵延山海，可以择地而游，把自己投入理想世界。

怅惘之余，他只好转入一片相思林地，暂作回避之所——

谈到年节，在梦云的心目中，一直没有好感，无论任何的节期。自从他于一九四八年的端午之日，被抓夫而演变成补充壮丁的那一刻起，看到月饼、年糕、元宵、粽子、春饼等应景食物时，潜意识中的憾事，顿然涌上心头，掀起不快的情绪，联想到过往十年又一百天漫长的岁月。

他说不出那些日子的过程，其所经历的是些属于什么性质的内涵：

是些什么呢？他的思维拉到了遥远——一九四八年的端午节。

晨起，梦云在浮丘山雷音寺里，把例行的事物料理妥当，八点左右，下山前往泉交河应赴邱府之供。去时，随身只携带了一支引磬，以备上供时使用，可以说，其余身无长物。

午后，受供毕，离邱府准备回山，行至渡船口，适巧有三位老总（军人之别称）在搬运物品，其中有位班长模样的大个子，突然向梦云打招呼：

"大师父！帮帮忙好吗？"

老总所说的帮忙，是要梦云搬东西。当然，这在一个出家人来说，举手之劳，何乐而不为？于是兴喜而应，起手而动，以尽其己力的态度，帮忙搬运物品，送到船上。

约略一小时，所有物品装载完毕，梦云用手拭除满额的汗水，然后移步离船。就在此刻，老总班长持枪挺立船头，面露凶相，随即举枪瞄准梦云，怒声喝道：

"站住！坐下来！乖乖地跟我们走！"

晴天霹雳，使梦云震惊不已，忍不住询问道：

"要我跟你们去哪里？"

老总班长闻言，冷漠地说：

"跟着船走，不许多问！"

梦云心里顿地感悟，摇摇头，默然坐下，思绪如潮涌，意念翻腾——

应供，世俗的节日，世情难却，竟是如此的后果。帮忙，举手之劳，所谓助人为快乐之本，惹来如此的麻烦。

抗战的艰苦刚过，胜利的果实尚未品尝，国共之间的冲突日见炽烈，北方又开始战乱频繁。梦云在战乱中长大，战火的蹂躏，战乱的戕害，在他的生命过程中，漫长的经验历炼成敏感。

他有无限的感慨。

时间在沉默中流逝。船顺水而下，直驶金沙湾。

梦云坐在甲板上，心想：

"该不该跳水潜逃？"

"还是诸业随缘了？"

这是个必须选择的时刻，关系着未来前途，甚至自幼出家，肯定今后生存意义的未来。那是个未知之数的里程，将如何适应与承受？虽然，战乱中最容易为环境变迁的理由，确定生命于生活中的自我价值；但是，依梦云于佛法中熏陶的生命意义，必须执著于易服即是白衣，改容即是还俗的教规，因此，他才想到"逃"的路子。

可是，他想到老总手中的枪，纵然是潜水也难逃枪弹的伤害。当然，如果在船上见机行事，凭他的身手，三个老总是很容易对付的；但他必须考虑后果，可能事了为寺院带来"祸患"，损及清净的伽蓝。

就这样，他冷静地选择后者，承受诸业随缘了的感报。

船随湘江逆水而上，直驶湖南省会长沙市。

船抵长沙的埠头已经很晚了，码头上静静地，老总班长交代部下好好看管梦云，自己上岸办事。

五月仲夏之季，气候并不酷热，但江边的气温较低，湿风拂过，稍感寒意。梦云盘坐船舱甲板上，像个被押解的囚犯。好在他心意已定，甘心面对现实的挑战，做一个服从命令的战士，承受不可知的未来命运。

过了好久，老总班长回到了码头，身后跟着一位军官模样的人物，二人站立岸边，喝着他的部下把梦云带上岸，然后把梦云交给随来的军官。军官朝梦云打量了一下，轻叹着，摇摇头，歉意地说：

"对不起，没有办法的事，他已经拿了人家二十五块现大洋，我必须带你回师管区。"

语毕，交给梦云一套军服，嘱咐赶紧更换，然后，把出家衣裤打成一个包袱状，扔向老总的帆船，并且咒骂道：

"你会绝子绝孙的，赶快滚吧！"

说完，然后转向梦云，委婉地说：

"我们走吧！情非得已，我只是奉命行事，希望你能合作。"

梦云点点头，默然不语，拆开了引磬，仅仅保留赤铜磬碗，小心地藏进衣袋里；然后与军官并肩而行，走向那个不知名的地方。

途中，军官作了自我介绍，同时，也说明了三位老总那一伙的实情：军官姓宋，是师管区的工作人员。三位老总，班长大个儿姓曹，是某部队中一位营长的小舅子；二位老总是营里的士兵，三个人由姓曹的领头，专门替湘北境内一些有钱人，从事抓壮丁、顶替兵役的非法勾当。可以说，尽是丧天良黑心儿的变相绑掳事件。

梦云听了，无可奈何地轻叹着。到达师管区，已经是夜半深更。

陌生的环境，陌生的人，看不出那是营区，倒是一处名副其实的栈房。满屋子油与石膏以及海产腥臭，令人呼吸困难，忍不住作呕。栈房里，地上铺了一层稻草，稻草上卷睡着近百之数的兵丁。梦云被安置在人堆里，面对着与寺院清净庄严完全相反的两个世界，他禁不住想到变幻的人生，从今后，他的旅程将是必然的坎坷！

翌晨，饿着肚子，近百的兵丁，被解送至荷花池的师范学校。到达之后，随即交给另一部队，编入补充兵营。中午，吃完饭，就被送上火车，开向广州方向。经过四夜三天半，至番禺县的鱼珠港，登上海军的登陆艇，这才知道，部队要开往台湾。

这种没有喘息的转运，几乎是迅雷不及掩耳一般，使人像做梦，莫明其妙地就离乡别井，仆仆风尘，来到了四季如春的蓬莱岛。

初来台湾，分发至凤山湾仔头营房，编入三十一军司令部警卫连，每天担任大营门的卫兵勤务，日夜各一班，不论风晴雨阴。

没有多久，军部招考政工干部，梦云得指导员之助，很容易被录取。算算时间，前后整整一百天，由一名壮丁而至二等兵，而升任为少尉队员。的确，是一段历经变化、如梦似幻的现实人生旅程！

从此，梦云顶替着别人的身份，遁迹于军旅，过着易相抱元的军人生活。好在他曾经接受了大学教育，加以大寺小庙中历经要职，无论知识经验，较之一般同事，从事任何职务都要来得方便；甚至，还能称得上胜任愉快！

干上政工队员之后，他的工作是编审，偶尔在舞台上也会客串角色，甚至导一场戏；不过，他并不热衷这些，几乎把时间都放在写作上，举凡小说、散文、新诗、广播剧、相声、歌词等，样样都写。

他把自己完全投入方格子里。

在队上，他的人缘虽好，可是，他无法忍受同事们的生活方式，譬如懒散、零乱、吃喝、赌钱、日夜颠倒等，举凡梨园者的坏习气，可以说全部都有了。梦云出身僧团，生活熏陶完全相反，因此，他急于远离此一单位，三番两次，申请调职或调训。直到一九四九年，他才经历了第四军训班的训练，然后转入通信军官训练班，接受为期六个月的专业训练；结训后，分发至入伍生总队。一九五〇年调储训班，不久改编纳入陆军官校任通信参谋；至一九五二年，陆军步兵学校复校，调通信组担任通信教官，迄至一九五九年退役为止。此期间，曾赴通信兵学校以及美国陆军电子通信学校受训，并曾奉派参与东北亚军事访问团。

军旅生涯中，最使他毕生难忘的是在陆军官校期间，他奉派担任小部队示范演习工作，尤其是地形地物利用伪装一科，曾获领导亲口嘉许，并数度合照留念。

其次是一位军校同学与他斗智三年，可谓刻骨铭心，记忆最为深远的事。他们之间，两度同学，智商不相上下；也因此，两人相互不服，每较高低，而每次总是轩轾难分。

他们斗些什么智呢？

像电机的向量，以微积分计算，不用黑板，不用纸笔，用头脑心算，要求在规定的时间内完成。

像一部书，限两小时内翻阅一遍，然后参加考试，不得少于九十分。

像一份日报，限六分钟翻阅完毕，包括电影广告和重要的分类广告启事等，然后相互提出问答，以计题计分确定胜负；新闻稿必须回答大意，电影广告说明戏院及片名。

像步兵学校的营房编号，哪一号是什么单位或用途。此次比赛，结果造成了今后全国的一个统一名称，那就是厕所叫作"一号"；因为，步校营房编号第一号的正是厕所。

像在两分钟内，说出亚洲、美洲、非洲、欧洲四十个国家的首都名称，并规定每一洲十个国家，不得少于十数。

像以五分钟时间，说出国内二十处名胜，以及该地的特产。

像中国姓氏的堂号。

像《三国演义》中的人名，说出名字中相同一字者，譬如刘玄德、张翼德、曹孟德等。

像《水浒传》中的武将所持兵器。

像《红楼梦》里女人的名字。

像历代具有两朝以上的元老名字。

像弹子撞击时，从某点到某点，总共有多少三角图的构成。

像一张折叠的纸，反复多少折，剪去一角以后，总共有多少三角形。

像火柴棒的排列。

像一个指定的波长，以一个半波的电压，说出被冲击的次数若干。

像以一个茶杯的盖，离地一公尺时，其所遮住太阳产生的阴影，说出它的半径是多少；而每一不同大小的盖子，规定不许用尺计量。

总之，他二人的斗智，均发生于不经意或刻意中，所包含的范围极广；尤其是刻意的，绝大多数都是非常公平的竞争。记得有一次，二人分别设题，准许对方提出三个可能的问话，然后猜出所设谜题是什么。此一智商的考虑，后来成为传播事业的节目，以及学校社团的游戏项目。

那些意义与趣味兼具的日子，除了引人入胜之外，在梦云的写作生涯中，更是最为精彩的题材。想到这里，山脚村落的鞭炮声，拉回了他的遐思，顿地回到一元复始，万象更新的新年之中——

梦云在山上住了几天，眼看浓厚的年节气氛渐淡，便背着行囊下山，步向田中方向；越过山脊，穿过一片相思林，便可望见田中的市镇就在眼底。山路回旋，尽是黄土路，每当汽车过去，或是一阵强劲的东北风，随即飞起漫天黄尘，令人呼吸不得，近乎窒息。

行至半山，路之左侧，有一山寺，隐匿密林之中。

梦云转入山寺，寺前有一幢日式民房，庭院里，有一中年居士。相遇之下，居士迎了过去，向梦云虔诚礼拜，不断地念诵着阿弥陀佛名号，然后邀约至民房中接待。

屋主人不是别人，正是驾着三轮车，从事环岛弘法的邱在居士。邱居士热心教务，二次大战结束后，一边行商，一边学佛，一边发愿建寺。终于他利用碧峰里这一日本人创设的神社，彻底改建整修，立为佛教寺院，命名鼓山寺，原意是沿用福建鼓山，象征中国传统佛教之精神。开基之后，倾家变产，完成了大雄宝殿；随后，有鉴于在家身不合住持寺院，乃礼请新竹灵隐寺无上法师之高足常圆尼师，并率十余尼众，完全接管；而他自己仍旧做他的环岛弘法工作，可谓是一位放得下的发心菩萨。

邱居士与梦云交谈之余，二人非常投缘，当然，主要原因是他极为崇敬苦行。到了午后四时许，邱居士载着他的器材下山弘法去了；梦云走向鼓山寺——

梦云来到寺前，稍事浏览，便有尼师出来招呼。首先引导至大殿礼佛，然后客堂待茶。客堂里的白色墙壁上挂有一幅中堂，乃是青松尚未还俗以前所题的字；两边对联乃道安法师的手笔，字法流畅，稍嫌无力，但不失僧团中难得之作，唯一遗憾的是以道老之尊，不该于上款之中，书以"常圆上人"字样，可谓太失礼仪。

因此，当常圆尼师来到客堂接待之时，梦云晓以利害，嘱咐赶快收起挂联，以免引来讥嫌，而种下违律的后果，将来于因果上担负不起。无谓的损失，缘于无意的造作，那是非常不合算的。

是夜，梦云于寺中挂搭一单，适巧有一黄姓青年，借住寺中苦读，准备投考大学；他被安排于同一寮房，同一大通铺。虽然，这在律制上极不如法，但是，尼众道场，又能如何？他只好在清冷的夜晚，坐守台阶之上，戴星月，披凉风，投入禅定之中了。

翌晨，梦云在鼓山寺用罢早粥，随即下山，驰往员林方向。

出了田中，越界便是社头乡，首先接触的便是清水村的清水岩。清水岩位于一片相思树林之前，岩立为寺，相传系福建泉州上方禅院，以苦行立志的觉通禅和所开山，时在清雍正六年间，结茅庵于东大武山之西麓（现之寺址）。起先，通禅和旨在潜修，未几，传闻所至，善缘广结，迨于乾隆二十三年，改茅庵而成伽蓝。

清水岩之建筑，曾经沧桑，几度荒废，现有之寺貌，虽然犹同往昔，但是，觉通禅师的一些遗物，却早已不知去向。而今，寺中无僧尼，形同山神庙，住了一些俗家老少，不避鸡飞狗吠之嫌；洵然，不禁为觉通禅师之初发心哀悼。

唏嘘，但愿多少年后，有发心菩萨至此，重整当年香火。

梦云怀着沉重心事，离开了清水岩，来到泰安村的善德禅院。该院创建于一九三五年，首由妙修尼师开山，妙修尼师原系苗栗大湖宏法院的当家师。妙修尼师率徒营寺，拓荒不辞艰苦，至一九五二年圆寂。现在住持达锦尼师及监院达甚尼师具戒台中宝觉寺，原为妙修尼师剃度弟子，妙修尼师圆寂后，复礼妙果老和尚为师，但求依止，学行佛法。

善德禅院，地处幽静，远诸尘嚣，犹若大陆尼庵之雅境；唯独美中不足的是，没有师僧教化，但能辛勤苦修，老实念佛罢了。

行程中，想到佛教僧团的教育水准以及修学方式，不禁感慨泣之——

战后的台湾，百废待举，尤其是日人统治达五十年，虽然当地民间的传统信仰尚存，而佛法挺盛的唐宋面目，早已是日本式的了；所谓日本式的，乃是强调学理，偏于孤雅，纵然出家为僧，仍不舍宿妻养子，以寺院庵堂为生活的依止。就这样，中国超脱的丛林制度，苦行参学风气荡然销损，以至而今的伽蓝，到处是在家男女主事，和多少僧俗身份不明的怪现象。中国佛教迁移来台复会，于教务的整顿，戒法的建立，僧伽教育的实施，为时十有余年（文字述事时间为一九六一年初），似乎大陆丛林式的长处，在台湾很难寻觅；相反，经忏和法会，争名与逐利，却极其用心，甚而至不择手段。

因此，思及未来的发展，将是如何面目时，那么法中何处寻求正法的后代，欲想承接前人的棒子，会是如何模样？！

唉！但愿多少补处菩萨，或者是化身罗汉，能够降临宇寰，为教为法为众生，布施一份力挽狂澜的饶益功德！

梦云自幼出家，从来耳濡目染，悉皆是以慈悲喜舍为心，以六波罗蜜为法，完全地，学佛、证道、弘法、利生，别无旁骛。如今，步履所及，举目所见，竖耳听闻，"如法者"何处生身？！行脚参访，无依止处，无效行所，能不哀么！

末法时代，如修学者自我不肯突破，一味地归咎于业障，寄望于因缘，无异是鹄候奇迹；殊不知，佛陀住世之时，虽属正法，仍不免末像之事；同样，吾人时处末像之期，又岂无正法之事！有道是，道在人弘，法由僧举，无有不能成办者；倘若德高依戒定慧而为典范，望重依菩萨行愿而为准则，那么，无上的正法，不就常住娑婆世界了么！

梦云于行程中想得很多，引发无限的感慨，就像是路侧的景物，显逝交替，绵绵不绝。虽然，他明知道"想"是不能解决问题的，唯有僧团中每一分子，个别供献所能，共同维护吾教的前途。因此，心底里计量了许多，存放于潜意识中，有待来朝的机缘成熟。

梦云边走边想，不觉已经离开了社头地界，来到了员林的紫林禅寺。

紫林禅寺的建筑很特别，有点像英国和西班牙官邸屋顶的造型，显得有些堆砌式的零乱；寺内，有似基督教堂的布置法，如果移去佛像和法物等，则很显然是一处西洋别墅的大客厅。

进到殿宇，梦云恭敬礼佛，然后环视一番，寺内静极无人，即使是任何的有情生命，恰似隔世之境，洵然：

> 出尘此最清　幽邃远闹荣
> 殿宇随时变　中西择亏盈
> 入道寻知见　澄心住定中
> 世间纵繁杂　我愿度无明

可不是么？尘嚣世界当前，才能显现出世的清净。若非无明迷惑，学佛所为何来？佛法中，说明业力造作，总不离心识的分别！学佛之道，便是依于信愿行而证真实义谛，步入阿耨多罗三藐三菩提的胜境地。

梦云在佛殿中沉思了许久，正待起身离去，瞧见门外走进来一老一少，两位女居士踱步直入佛殿，双双朝佛像虔诚问讯；然后转向梦云，合十招呼，引导至殿侧的一处精致小客厅。

宾主坐下，年轻的涂小姐，将紫林禅寺作了简单的介绍，备述经营建设的艰辛，语言中强调这是一间私有道场，好像唯恐有人争占似的。好在梦云与之无有任何利害关系，相谈之下，倒也非常融洽。

但是，梦云虽然感叹彼等之发心，完成此一新兴道场，毕竟与佛教传统的思想差别很远，加以寺无有僧尼住持，他衷心里不愿久留。即使是时已薄暮，离天黑不远，他仍然决意道别，奔往茫然的前程。

离开紫林禅寺，踏进员林镇的街市，已经是万家灯火时刻。梦云经人指引，走向市中心的公园，然后转入一座陈旧的寺院。

夜色很黑，没有路灯，梦云穿过一道矮墙，发现寺门已闭，不见人影，心想不要打扰常住，便选择了寺左前方的一座凉亭，作为憩脚之处。反正夜不倒单在他平常稀松，能有立锥之地，可谓心满意足了。

凉亭里有石桌石凳，梦云卸下行囊，就在石凳上结跏趺坐，随遇而安——

时正开春，但亚热带的台湾，仍然免不了蚊蚋的侵袭；即使梦云备有头罩，也阻挡不住骚扰，尤其是邻近公园，园中的莲花池，正是生产蚊蚋的地方。

就在这个时候，大门口响起由远而近的人声，随即门灯亮了，清晰地看见两位中年比丘尼自外归来。她们对围墙内的环境巡视一番，其中的一位发现凉亭中有人，连忙向凉亭走近，嘴里并提高声音询问，说的是闽南语。虽然，梦云不谙本地方言，但是，他猜想一定是询问他。如是，他回应道：

"对不起，我是行脚比丘。"

中年比丘尼已经步近了凉亭，随后又跟来了两位，走在最后的一位是应门者，手里还拿着一支手电筒，近了凉亭之后，用电筒的光照射着梦云。

走在最前面的一位，以欠熟练的国语，礼貌地说：

"法师！这里蚊子多，到里面去养息。"

梦云闻言，非常感动，但他联想到很多，唯恐不便，于是回说道：

"女众道场，不方便吧！"

"不会，我们有客房，都是出家人嘛！"

"我想——还是……"

中年比丘尼见状，笑了笑，回说道：

"不要紧的，我们这里常有法师来，很方便的，不必客气。"

语毕，未待梦云回语，便招呼同道，帮着拿行李；然后领头走在前面，进入寺中寮房，安排梦云睡一间六席榻榻米房。在房中，简单地分别作了介绍，然后道晚安离去。

房里陈设很简单，十分清洁，唯一美中不足的是完全的日式气氛。当时，在梦云的意念里，生起强烈的反感。他认为中国的佛教，中国的寺院，中国的出家人，必须一切都以中国的为模式，表现出中国的特色。或许，八年抗战中日本军阀的残暴，加之于中国人的太多了，使他的意念中遭受伤害的记忆太过深刻，因此，难免引发旧创的疼痛，虽然，他的潜意识里从来没有过恨忿，但伤痕的事实，总是勾起记忆的犹新哩！

一夜在恍惚中度过了——

翌晨，早粥毕，寺中的住持尼师与梦云作了一次长谈，原本急着赶路的他，经不住礼貌与热忱的约束，在客堂里心平气和地聆听住持的故事。

慧观尼师，彰化溪湖陈姓大户之掌上明珠，少具善根，十三岁随母茹素，二十四岁现沙弥尼相，于一九五五年具戒狮头山圆光寺，曾亲近斌宗、妙果等大德。

现双林寺原系妙果法师住持，后因年事已高，住持寺院很多，无法兼顾寺务；于一九五九年聘请观尼师来寺任副住持职，同行者有智慧及真道二尼师。自接任以来，可谓极度发心，喜舍奉献，虔诚热忱；尤其是寺务早已荒废，几达道粮也无之地步，凭借她惨淡经营，四处奔走之耐力，使寺务逐渐步入正轨，常住能得安稳。当然，最是难得的愿心，她立意改建陈旧腐蚀了的双林寺。梦云听了，衷心地祝福她，但祈诸护法神祇庇佑护持，早日满愿。

（按：慧观尼师于一九六四年，妙果法师圆寂后，随即应信众之请求，继任双林寺住持。后来，于一九六六年底，梦云旧地重游，观尼师已购原属台中地方法院之寺址建地，计划不久即将进行重建工程。后来，于一九七〇年动工，历四年的艰辛，终于一九七四年完工，同时举行落成典礼。梦云曾以长老身份，参与盛会，当时的主法和尚，是香港的明常老法师。）

梦云与观尼师交谈了一个多时辰，然后告假离寺，继续未完的行程，步向彰化市。

彰化市为铁运南北干线的交点，所有山线与海线均于此处会合调车，可以说是台湾铁运的重镇之一。

进入市区，经人指点，到达了历史悠久的昙花佛堂。在佛堂中稍事巡礼，得寺中一位中年居士的接待，交谈之下，原来他就是负责该堂的林大赓居士。林居士自一九四六年接掌昙花佛堂，一直兢业教务，不遗余力；领导共修，泽被同道，以及热心慈善公益等事业，的确，堪称发心菩萨，实属难得。

梦云在堂中没有停留多久，当即离开彰化市，继续前行，步向台中方向。

出了彰化，越过一片平原，便是王田地方。山腰处，有一座善光寺，地处偏静，山有清泉，水质很好，稍嫌石灰成分多了一些。善光寺的常住都是比丘尼，寺主及监院正值日本求学，梦云不便多留，稍事浏览，随即下山。当他抵达乌日时，已经入夜时分，只得就近拣了一处公路候车亭，暂充避风挡露之所。

夜来，风很劲，挟着仲春的寒气，使得梦云感到不安。因为，候车亭在公路边，四野没有建筑物，免不了寒气逼人；尤其是车行处，一片强光，有若探照灯，使人精神威胁至大。然而，环视周围，尽是稻田，虽然，他曾向过路人打听附近是否有寺院，但是，所得答案，除了往回走，再返善光寺，便只有夜奔台中，寻求归宿了。

当然，梵行原本是苦，梦云过去在大陆行脚全国，历经五湖，懂得个中滋味，并不在意现前处境，若非车灯扰人，他是可以安住的；即使心念乍现，情识起了分别，而他，一念正思，如响斯应，刹那间，"道"与"生死"融会贯通，他已投入寂静之境了！

深夜，响起一声高喊，梦云身前出现了一位治安人员，黑色衣帽，挺立亭内；手中电筒光芒，照在梦云的脸上，使他睁不开眼。久久，警察高声喝问道：

"你是干什么的？"

梦云闻言，听他说话，操本省口音，心想他可能不太了解僧伽，随即回应道：

"我是出家人。"

"不住庙里，坐在这里干什么？"

警察的语气非常不好，几乎包含了卑视与教训；梦云不以为逆，温和地回说道："行脚参访，从事苦行。"

警察闻言，哂然大笑道："上帝造人，不是叫你吃苦的。可怜！"梦云听了，心念动处，仍以温和的口吻答话："是叫人做什么呢？譬如现在的你！"

"我是执行勤务！"

"不是也很辛苦吗？"

"职责所在，不计辛苦！"

"谁与你职责？不会是上帝吧！"

"当然不是！"

"那么，又是为谁辛苦为谁忙？"

"为了地方上的治安！"

"太辛苦了，山僧非常敬佩你！"

"好啦！不要啰唆，拿身份证给我看！"

梦云应诺，掏出身份证交给警察。警察接过，借手电筒的光，查看所载资料，嘴里喃喃自语：

"外省人，还是个大学生，何苦？"

警察看完身份证，随即交还给梦云，然后嘱咐道：

"没有事了，你走吧！"

奇了，这么晚，附近又无寺院，居然赶他走路。本来，梦云想说出心里的话，但意念动处，连声应好；同时背起行囊，朝台中方向行去。身后紧跟着警察的踏车声，很快地擦身而过，不久就消失了身影。梦云步行于黑夜中，天上没有星月，寒气侵袭着他，他只好加快脚步，迎风戴露，迈着大步前行——

不知走了多久，进入市区街道，气温已不似郊外，梦云周身有了暖意。虽然街市寂静无人，但是，潜意识中所升起的，总归是人们聚集的地方。回响中的喧嚣，不知为谁辛苦为谁忙的现实生态，有多少不是劳碌于无可奈何的无明里，造成多少怨尤多少烦乱。虽然，不可否认的现实人生，免不了七情六欲的迷惑，但是，其中于社会真有贡献的几率，恐怕具有可信的百分点是非常低。

想想，这个曾为日本占据了五十年的地方，相较大陆所拥有的传统，似是太过难求，而流通的宗教，已经融会了中国大陆具有浓厚民族色彩的潜力，展现在这个地方的早已变样变质了！庙宇成了家族或少数人的财产。

寺院多少神佛不分，甚至多少拖家带眷的，仿效日本式的中国僧人，居然高为一寺之主，披红祖衣领众；尤其是现光头（不是出家众）相的优婆塞或优婆夷，竟然收徒授业，反为比丘和比丘尼之师。妙哉，怪事！

试想，宗教的主旨，在协助社会从事心理建设工作，如此的不伦不类，自身的问题复杂，又如何进行"心理清净"的神圣工作？

从事宗教组织的领导者，您应该怎么办？

走着，想着，梦云来到了台中市的宝觉禅寺。

宝觉禅寺，据说创建于一九二七年，原由福建莆县后果寺的方丈，于来台弘扬佛法，经地方士绅之请，发起开山立寺，历三年岁月，诸般建筑，略具规模；后来，寺主交由妙禅和尚继任第二代，现今的第三代住持是智性法师。不过，智性和尚似乎不管事，寺务之职由其在家弟子林锦东居士负责。

禅寺之称，在大陆是强调特色，标榜精神的寺之立名。禅寺的特色当然是禅宗，其精神是禅法，可以说以禅是为接引的本钱。除此，其他尚有讲寺、律寺、净寺等；有的，虽然并不以宗立寺名，也必有其特色，所谓道有所言，学有所恃，不会令人空手而还。

梦云环岛行脚，已经走遍了半个台湾，综其见闻，大约的情形是"有名无实"，无学可参，就像是走到边远荒陲，有的只是个样子，有的连样子也无，沦为可悲复可忧的现象，未来的和目前的后生，将如何是好？！

长江后浪推前浪，所掀起的浪是什么？

忍不住令人伤感令人愁：

是名？是利？

是不正常的事业？

是低阶层的出路？

是推销自我的地方？

是狮子虫抑是癌细胞？

不，不！不‼不‼‼

应该是个清净、庄严、淡泊的世界！

应该是处修学、成道、弘法的地方！

有戒定慧三无漏之学。

有无量波罗蜜多之法。

有深奥非世俗者所能领悟的胜义谛。

有圆满究竟善巧方便绝对的菩提道。

是无边无际无上智慧的，

是无欠无余彻底觉悟的，

佛陀的遗产，僧伽的家业，

举凡信佛者追求真理的刹土！

进入寺之客堂，林锦东居士亲自接待，一旁有智性和尚作陪，大家谈了一些无关痛痒的话；最后询问梦云，行程结束后有什么计划，能不能驻锡宝觉，协助办理一些佛教文化事业，从事文字的布教工作。

梦云婉拒了，原因是该寺太商业化了，尤其交谈之中，林居士的思想太过日本式的，他对中国佛教的传统陌生得很。梦云无意排外，但必须认知佛教的大乘精神在中国，同时，更不可以忘记自己是中国人。

喝了一杯茶，经林居士引导，参观了全寺的设施，更听取了未来的发展计划；然后，梦云告辞，佛前告假，淡然离去。

离开台中市，步向潭子。

时近正午，梦云已经一天一夜又一个上午不曾食睡，加之行路里程太长，的确有些困倦了；于是，他转入一片相思树林，选了一处坟地，就在树荫底下坐了下来，吃些干粮，然后结跏趺坐，借以养息，恢复疲倦了的色身，养育不可一日或缺的法身。

时光荏苒，不觉已是黄昏时节。

梦云启目下坐，做了几个松弛筋骨的动作，然后收拾行囊，准备继续前行。忽然身后不远处传来一声呼唤，惊闻之下，来人已经急步趋近，随着山倒似的顶礼膜拜于梦云的面前，并且要求道：

"师父度我！"

梦云打量来人，跪在眼前的竟然是个年近半百的中年男子；两鬓有些花白，头顶有些秃脱，双眼发红，脸色瘦黄，神情略呈忧郁；合十虔诚，满眼欲滴的泪水——

"为什么要我度你？"

梦云忍不住反问来人，希望发现他的困难，以便伸出援手，度彼苦厄。

中年男子正襟胡跪，泪随声下，颤抖着回说道：

"我已经无路可走了！"

梦云闻言，不免惊讶，连忙招呼来人坐下，并且问道：

"贵姓？把你的困难说出来好吗？"

"敝姓陈，家就在附近，原本在台中做生意，替人担保支票出事，生意垮了，妻子不久前病死医院；长子去日本以后就没有了音信，二女出嫁后因难产死亡，第三和第四两个儿子，服完兵役就一直不肯回家，听说在台北做流氓；而今，靠几分田生活，日子还过得去，但是，人事的变迁，心身的打击，生命的末路……总之，我已经到了绝望的地步。"

梦云听完来人的诉说，自然对他的遭遇深表同情，于是提议去他的住处，以便作一次深谈。

陈姓男子闻言，打心底生起欢喜心，脸上掀动了笑，连忙替梦云扛起行囊，大迈步前面领路。顺着大路，进入潭子，转向东边村落。不久来到一幢砖瓦房，一横三间，倒也清净；中堂供有西方三圣，鱼磬齐全，香炉中的香环烟柱缭绕，说明信者很虔诚。

堂屋中坐定之后，陈姓男子赶紧烧水泡茶，把屋子里的电灯捻亮，问明了梦云非时不食，便斟茶以敬，算是供养；然后移椅坐在斜对面，合掌恭敬，期求开示。

梦云喝了几口热茶，询明了他的学佛情形，深知对方有出世之念，乃是为了家庭的变故，伤感不堪忍受所至。于是，以分析的方式劝勉鼓励，告诉他先以在家居士身学佛，维持目前的生活方式，待机缘东山再起，自有达到理想目标的一天；千万莫为一时的打击而盲目出离世间，毕竟出世间的生涯，仍然是自度度人的事业；再说，两个儿子不学好，止是试验自己度他的能力，最好的历练机会，又何必舍近求远呢？！

二人一夜深谈，非常融洽。

第二天，陈姓居士备了早粥供养，一遍又一遍地感激梦云的开示，直到梦云告别，离开了他的家门。

梦云别了陈居士，往后里方向行去。

后里，太平山麓有一座私建的毗卢寺，寺主是丰原望族吕厚庵先生的遗孀，林氏及四位千金与二侄女，共同发心。起初皈依大湖法云寺觉力老和尚，但均未出家现僧尼相，悉以优婆夷身戴发修行。

毗卢寺环境清幽，山色与气候，堪称世外桃源。如果能够名副其实，如法住持，那么，不失为是一处理想的修行道场。

梦云在寺中用过午斋，随即离山北上。

一路上，感慨良多。他已经逐渐地在否定将来的希望，他想到，今日的佛教，如果不能建立起丛林制度，如果不能男女分住，如果不能强化戒律，如果不能依教奉行，如果不能严格度众（出家），如果不能推行僧伽教育，如果不能制止小庙的畸形发展，如果不能扩大弘法工作，如果不能团结合作，如果……未来的佛教将只是徒具形式而已，甚至，真正成为社会的累赘！

尤其，老的，大的，颇具知名度的，如果不能以身作则，不能力图革新，不能如法行止，不能承先启后，不能敬老尊贤，不能捐弃名利，不能慈悲喜舍，不能……未来的教界，将是可悲可叹的。

佛教的末法，必然是漫布伽蓝。

那时候，彼此的竞赛，不是修养，不是法务，不是……

那时候，相互间是名利的炫耀，贪欲的斗争，自我的强调，以及毁损佛法的无心造作。一味地，在功德福报中讨生活，就像是《楞严经》里所说的："可怜悯者！"

走着想着，不觉中来到了清水镇，顺着水圳，往右，拾级而上，高出市镇很多的碧华寺，像是悬在半空，令人有不得不往上爬的感觉。

寺里正在举行法会，香火鼎盛，人群熙攘，但不知是什么日子，在梦云的记忆中，决非任何佛菩萨的诞辰。

梦云抱着看热闹的心情，步入了令人窒息的雾里，挤进了大雄宝殿。礼佛后，稍事巡视，仍又退返殿前，挨近人群——

一位装饰入时的妇人，坐在弥勒菩萨的座侧，摇头晃脑，浑身颤抖，嘴里念念有词，好像颇具通神通灵的本事。

善男信女们似乎非常敬畏她，一个个上前求教；有的问病，有的问命，有的问婚姻，有的问名利；甚至择日、丧葬、出门等等，可谓包罗万象，名副其实的万事通。

梦云旁观了一会，摇摇头，离寺继续行程。走在路上，心里一直忍不住要疯笑起来，他无可奈何地感叹着：

"乩童进了寺，妙透了！"

可不是么？今日的伽蓝，有几许是清净、是庄严、是淡泊的啊？！

梦云出了清水镇，行行复行行，进入大甲镇已经是日落黄昏。陌生的地方，梦云不知何处挂单，几经探询，得人指点，来到东阳村的永光寺。

永光寺如果说是寺，不如说是精舍，木造平房，不异民房，客厅式

243

的殿堂，卧房护卫两侧，前无庭院，后面却有花园；四周环境清静，没有尘嚣，真可以说得上落叶有声，是地道的兰若处。

梦云进入寺门，将包袱与雨伞搁置门口，摆下了挂单的架势，然后进殿礼佛。礼完佛，伫立于小客厅的木椅旁，等候知客招呼。

不久，来了一位比丘尼，示坐献茶，颇为殷勤；随后，又来了两位比丘尼，年近半百，胖瘦分明，当她们见了梦云之后，胖的气势颇傲，直盯着他的头顶，嘴里不断地喃喃念道：

"头上没有戒疤，不像是出家人，不能留他，让他到别处去！"她讲的是闽南话，梦云不能完全听懂，但可以猜测她的内容，尤其是那种挥手的表情，更能肯定她不欢迎的程度。

梦云经此情况，原本就有意打消挂单的念头。因为，摆在眼前的是三位比丘尼，实在不适合他这位苦行僧；但是，他亲睹如此恶劣的出家尼众，心里不免难过。

于是他告诉知客，要她瞧架势，意思是告诉她，不是出家人，懂得如此的摆谱吗？谁知，胖尼师根本不识此道，反而说："我早看见啦！一个破包袱，一把破雨伞，丢不掉的，谁稀罕！"

她讲的仍然是闽南语，梦云只能猜测，不能领会，唯一可以肯定的是，胖尼师是外行，不懂。此刻，知客尼师起了惶恐，连忙用国语对梦云解释："真对不起，我们这里都是女众，不能留你，请不要见怪！"梦云也有点伤感，当然，更责怪自己来错了地方，于是，说句"不要紧！"就告假离去。虽然，此刻已经是夜幕低垂，但是，他是个苦行禅和，并不在意这些，事实上也难不倒他！何况，当他问路的时候，镇上的人告诉他，镇北还有一间金华堂哩！

走在路上，梦云用手摸摸为岁月逐渐消失的香疤，忍不住笑了笑，自言自语地说："燃头供佛，居然变成了戒疤，妙！"

　　黑夜里，在大街小巷穿梭，问了好几次路，终于找到了金华堂。金华堂原系龙华堂，创建于一八八七年，由地方人士共同兴起；早期设备简陋，只是一处共修之所。

　　梦云抵达该堂，但见堂内悉数六旬左右的老妇人，不禁心中嘀咕。幸好，随在他身后走进来一位戴眼镜的老先生，见梦云踟蹰不前，便加紧步，赶到他的身侧说：

　　"师父是游方行脚的吧！里面坐。"

　　梦云闻言，心中释然，连忙回答："行脚是实，游方不敢！"

　　老先生听了，面有喜色，紧接着说："步不出户，脚如何行？"

　　对上了，梦云想不到小小的金华堂，居然藏龙卧虎。

　　"步不出户，谁来这里？"

　　"总归是游方的！"

　　"山僧浪迹天涯，父母存亡未卜，无方可游！"

　　"孝子不舍亲，怎的连个消息也无？"

　　"无始以来，化小为大，管他消息做甚？"

　　"没有消息，如何能够化小为大？"

　　"有了挈机，塘水不会外落！"

　　"师父不肯慈悲？"

　　"苦么？递将来！"

　　梦云忽伸右手，一展一合，紧逼盯人。

　　"这……"

　　老先生措手不及，怔在一旁，好像是在寻找对策。

　　适巧，迎面走来一位老菩萨，朝老先生嘀咕了几句。她说的客家语，梦云听不懂。老先生连忙转向梦云说：

　　"她在怪我不懂待客之道！师父请里面坐，我已交代她为您安排住处！"

　　说完，老先生前面领路，进入一间日式榻榻米房间；老菩萨也随着送来了茶水，还有一盒子糖与饼，招呼至为亲切。

　　老先生忙着倒茶，送手巾，然后相对坐，似乎意犹未尽，指着糖饼和茶，虔诚地问：

　　"云门的茶饼，师父的什么？"

　　梦云莞尔，然后淡淡地说："喝不是渴。"

　　"噢！原来是临济儿孙，难怪，难怪！"

　　"识得多少？"

　　"三十六年走曹溪，未见虚堂老宿！"

　　"见着了灵源？"

　　"不为己甚！"

　　"曾觅鸡足踪迹？"

　　"路途遥远，至今遗憾！"

　　"求什么来着？"

　　"向上一着子！"

　　"有布梯的搭着处么？"

　　"不想撷明珠！"

　　"掌握之中？抑或是等而下之？"

　　"上下皆不得！"

　　"鱼少得了水么？"

　　"今朝遇甘霖！"

　　"云不是雨，莫切盼！"

　　老先生心生欢喜，起身顶礼致谢，然后告假离去。

　　客房里一片宁静，梦云拥被依墙，意念中不能清净，他在想：

云，不是雨，雨不离云。

是云么？

四十余年僧伽生涯，虽然一直在维护云的价值，舍弃了多少炫耀；但是，时代的变迁，人事的更易，似乎迦叶的常定，肯定了末法，众皆期盼于未知的明天——

云，总归是游移的，展现于无际的虚空。尤其是湛蓝净洁的时候，云会显得更为清晰。各式各样的人，都想掬一把，装一袋，将它永远留在身边，尽都摒弃了它的价值。

云，是无心的，没有烦恼，没有厌倦，一直悠悠自在；如果，谁要想留住它，只要具备能力，懂得云的价值的话。

可惜，人们的眼，却执著于晨昏的幻化，即使嘴里在唱着，亦不过迷惑于跟蓝天相陪衬，谁也不会说出它的价值来。

云，曾经不止一次地流露洒脱，告诉人们可以模仿它的自在，却不可以抹杀了它之所以自在的条件，那许许多多的构成因素。

云，嗯！原本就不是静止的，尤其是较久的时刻——

游去，疾也好，徐也好。

浩瀚的太虚，广阔的大千世界，森罗万有，去来无碍。

展现，美也好，丑也好。

人的意念，情绪肯定见闻，管他如何？反正无损于遥不可及的事实。

心安理得，自己画像；是因，是缘，是自然性！无须计较，也可以不必认真——

夜，寂静无声，云，已不知何处；躲在客房里打盹的，休息够了，明天，走出屋子，顶着天，谁说是看云去？思量的：如果是丽日中天？如果是崎岖的山路？如果是出不去的黑漆世界？如果是个下雨天？如果戴着斗笠打着伞？如果躺在车厢里？如果根本步不出户？如果——

如果又如何？！

是什么才是什么！

何必编制许多尽是云的梦！

随缘吧！云总是无心的。

梦云一夜休歇，第二天清晨，老先生殷勤地送他离开金华堂，送出了大甲镇，一直送到铁砧山下才依依分手，各向前途。

走在纵贯线公路上，梦云的心念中，计拟未来的行程，他想到"偏远"的纯朴，山水间的古刹，能否平添许多见闻；因此，他把脚步转向苗栗的山线，远离闹市的尘嚣，尽可能从事寻幽探胜的行程，或许搜集到一些不为传闻的事迹。

随着元宵节的过去，寒风也逐渐远去，起而代之的海岛亚热气候的早春，挟着强烈生意的新绿，像轻巧的猫步，不觉地已经展现眼前；令人担负起时光的来去，亦喜亦忧的心里反应；算算，一九六二年，竟然是梦云离乡别井第十五个年头的开始！

这天，时近晌午，梦云来到了头屋乡的飞凤村。穿过阡陌田垄，沿着山麓，举目环望，却不见村落；但见远方山脚处，在一片绿荫隐覆的树石中，掩藏了一座看不出是农家，抑或是祠堂庙宇的小房舍。

梦云循着方向，朝着绿荫走去。

这是一处峡谷形的田野，田畴成梯形，田畦里大部分是红薯，其他是蔬菜，少部分是杂作物；除此，靠近避风的山，是一畦畦初绿的秧苗。

梦云横越了田畴，趋向山脚的房舍，步上石台阶，走进一幢紧靠山岩的半壁殿堂；抬眼扫视，靠岩的部分，原来是一处天然石洞，石台上供奉着石刻观音菩萨像，虽然雕刻得并不精致，但法相极为庄严。菩萨前，陈设简单，供物法器，并不缺少什么；殿右，有一幢砖瓦平房，此刻正是炊烟袅袅，想必是寺僧在忙着午斋吧！他下意识地摸了一下自己空着的肚腹，心里计算着中食应该有了着落。

就在这个时候，身边响起了脚步声，随后也响起了问话声："师父！接假。"

梦云闻言，未及回顾，一位中年妇人已经出现眼前。但见她手中擎着供饭，小心地呈放在石供桌上，然后合掌问讯，状极虔诚，而且未待梦云回话，紧接着又问：

"师父从哪里来？要到哪里去？"

问完，肃立一旁。梦云见状，心想这位妇人的言行，已经不是优婆夷的条件，应该近似式叉摩那的样子，不禁升起了"她是否是戴发修行的女住持？"于是，坦诚地回说道：

"我是行脚僧，作环岛参访。"

"哦！辛苦了。"随即招呼接待，并托代为行供养，然后转入砖瓦房，准备午斋去了。

梦云卸下行囊，清洗手脚，漱了漱口，便上香打供。供毕，午斋也好了，中年妇人引导他至厨房兼斋堂共进中食。

食罢，又引导他作了一番参观解说：

原来，此地最早是地方人士，一位名叫罗普云的居士，偶然发现此一天然山洞，洞似龙状，龙嘴有甘泉流出，清凉味甜，传说还能治病；因此，很快就传遍了村里，逐渐扩大至外乡镇，一时远近善信，纷纷涌到，有的祈福，有的求水，时久形成为石观音寺，首由罗普成居士负责；未几，改由罗普树居士担起住持重职；现前，是由魏姓居士管理，附设有诵经团；寄望将来，能有发心僧尼，效法古德的宏愿，建筑成一所纯佛教的正信道场。

午后小歇，陆续来了一些诵经团的团员，大家请求留下，为之宣讲佛法，广结善缘；但是，梦云碍于不谙客家语言，未便满彼所请，随即告假离去。

行程中，他想到五明中的语言明。如果，立意住寺领众，从事弘法利生的工作，首先就得学习地方语言；否则，无异是一个不懂外文的老师，从事外国人的教学事业，试问，那将如何沟通？

提到五明，梦云认定身为人天师范的僧尼，是应该具备的条件。基于"语言"是沟通情感交流的工具，"医方"是解除众生病苦的恩宠，"工技"是帮助人类谋生的木钱，"因明"是知识经验的导引，"内明"是解脱生死的道路；对度己度他来说，有了工具、恩宠、本钱、导引、道路等条件，当然，就能达到圆满功德的境地！

然而，静观近世纪以来，于僧团来说，不仅难见长江后浪的威武，反而有一代不如一代的趋势。想想，末法的事实证明，果真愈来愈明显了吗！记得佛陀住世之时，乃是正法的鼎盛时期，却也同样发生像法与末法的事实；推而及之，末法中也可以出现像法，呈现正法！如果僧尼们能够发心行道于正法的话，佛陀住世之时，不也是殷切的希望么！尤其是将要入灭于双树林间时，更曾谆谆告诫与嘱托！

僧尼是佛陀的传人，每一分子，都有不可旁贷的责任。否则，那不仅是辜负了佛陀，更应该有愧于施主哩！因此，吾辈人天师范，你可曾时刻询问自己：

语言适应于地区？

医方济世于众苦？

工技帮助于人类？

因明展现于知见？

内明弘传于群命？

有多少？会多少？知多少？能多少？

是否是一个不学无术的蒙骗者？

从来伽蓝有句：

> 施主一粒米，
> 大如须弥山，
> 吃了不知道，
> 披毛戴角还。

梦云一路上边走边思考，甚至想到未来的日子里，将如何去面对现实，奉献本分；至少，尽一己之力，以图报答四重恩德，于因果的律法之前，莫为自己套上枷锁，沦落三涂的苦恼世界！

在这段明日又天涯的僧伽旅程中，耳濡目染，几乎为了眼前的缘境不敢肯定自己，要不是从小就与佛法结下了深缘，蒙受了太多的好处，很可能，在大学求学的时刻，在军中任教的时刻，早已经不是现前的僧伽身，度着一钵千家饭，孤身万里游，为出生死苦，随缘度春秋的日子了。尤其是十年的军旅生涯，无异是生平一大考验。众所周知，那种复杂的环境，那些良莠不齐的成员，以及许许多多徒叹奈何的生活方式，处处必须自己像莲藕般，虽住污泥而不会为污泥所染。的确，那不是容易熬过去的哩！

走着，想着，就这样，日行夜宿，来到了南庄的狮头山。

狮头山是台湾的佛教胜地之一，位于南庄乡，以及新竹的峨眉乡。也就是说，从苗栗的南庄进山，先至超升宝塔，然后是劝化堂，辅天宫，开善寺，舍利洞等；过了狮头岩，便是地属新竹峨眉的元光寺，万佛庵，灵霞洞，梵音寺，海会寺，出山而达金刚寺，往东，经珊瑚潭，便是北埔乡了。

梦云上了狮头山，在超升宝塔用早粥，元光寺吃午斋，夜宿灵霞洞侧，靠近登山道的树林里。本来，他可以挂搭万佛庵，但是，基于纯属女众道场，要就是外道神庙。当他别无选择的时候，山间林内，树下一宿，对行脚僧来说，那是理所当然的好地方。虽然，狮头山的环境，常年处在阴恶潮湿的一面，尤其是蚊蚋之多，几乎可以跟贵州的云雾山相比；好在梦云是个老参禅和，最能适应环境，行忍无虞，甚至甘之如饴哩！

夜已深，山风微寒，弥漫的湿气，掩殁林间应有的清凉之感，加以天上飘落着毛毛细雨，使得湿气更浓；即使极具经验的梦云，也感到不好受。于是，他只好迁回万佛庵的廊檐下，暂且盘腿打睡，鹄候明日的来临，然后继续未完的旅程。

值此时刻，梦云甫自安静下来，身侧突然传来一阵轻微的脚步声，逐渐地来到面前，梦云借着浑浊的路灯光亮，发现站在眼前的是一个十二三岁的小男孩，穿着深色夹克，深色长裤，可惜看不清楚他的神情模样。

小男孩出现之后，未待梦云启齿，竟然扑通跪倒在地，嘴里结舌着颤声地说：

"师父，总算被我找到了，求求您，收我做徒弟！"

这突如其来的事题，使梦云莫名所以，于是问道："你认识我吗？"

"不认识！"

"你不是一直在找我吗？"

"是的！找像您这样的师父！"

"你了解我有多少？"

"跟我想的一样！"

"什么样？"

"像您！"

"一个苦行僧？"

"不是，是武林异人！"

"哦！"

梦云听到"武林异人"四个字，对眼前的小男孩，已经洞悉了十之八九，心想，又是一个武侠小说的受害者，于是继续问道："你说要做我的徒弟？"

"是的！"

"出家为僧？"

"不是！"

"那是要干什么？"

"学达摩心法，少林武功！"

"学到了又干什么？"

"再也不会受人欺侮，还可以行侠仗义，浪迹江湖！"

"跟人打架？"

"不！路见不平，拔刀相助！"

"你喜欢管闲事？"

"天下事，天下人管！"

"你知道现在是什么时代？"

"什么时代都一样！"

"武功再高，也抵不过机关枪！"

"所以要学达摩心法！"

"你知道多少？"

"书上看了一些，搞不懂！"

"达摩心法是敌不过枪弹的！"

"不是武林中的至高无上之法吗？"

"谁说的？"

"武侠小说里说的！"

"你相信？"

"当然相信！"

"你相信历史上的民族英雄吗？"

"信是信，不过他们没有侠客厉害！"

"你说说看，侠客有什么厉害？"

"刀剑拳脚，暗器轻功，到达炉火纯青的地步！"

"那又怎么样？"

"保护自己，扶助弱者！"

"谁是强者？"

"欺侮我的人！"

"怎样欺侮？"

"他们打我！"

"你打不过他们？"

"人多不是好汉，哼！总有一天，我会打他个落花流水！"

"他们为什么要打你？"

"他们不跟我玩，不准我跟他们一起！"

"所以你就先动手打人！"

"您怎么知道？"

"这就是他们打你的原因！年轻人，打架不是解决问题的办法，打人，或者是打抱不平，更不是英雄好汉！"

"要怎样才是英雄好汉？"

"为国家社会奉献自己的人！"

"我这么小如何奉献？"

"所以你首先得把书读好，学得一技之长，然后才可能谈奉献！"

"可是……"

"你逃学了，离家出走了，不敢回家，是吗？"

小男孩俯首不语，梦云把话题转向闲聊，有意无意地问出来小男孩的家庭状况，同时也询明了住址。然后从行囊里取出一条毛线被，嘱咐他安心地先睡上一觉，明天送他回家，而且还向他保证回家之后，只要好好念书，不会受到处罚。小男孩听完，心里似乎落实多了，不久就沉沉睡去，响起轻微的鼾声；梦云见状，忍不住打内心升起一份感慨，暗言道："毕竟还是个孩子哩！"

第二天清晨，梦云领着孩子离开了狮头山，经北埔，转往竹东。二人来到镇上，问明了小男孩的住处，把他送回家门，交还给蓝姓夫妇，也就是小男孩的生身父母；同时，还开示了一番道理供作参考。

梦云别了蓝姓夫妇，走在路上如获重释，不由地加快了脚步，朝五峰乡的五指山走去。

五指山，新建佛教道场，由生定法师开山，筚路蓝缕，惨淡经营，的确备受辛苦。生定法师原系北埔人，全家侍佛，妻女皆已出家，于北埔俗家设有净莲寺，台北善导寺江苏籍的守成法师，曾借寺潜修五年。

生定法师是位刻苦耐劳的苦行僧，为了五指山道场，听说不事缘化，变卖家产而营建开拓，心血与钱财悉皆供养。可惜没有几年，遭遇意外，未尽天年，怀着遗憾而径登西方，不免令人惋叹！

梦云在五指山盘桓了三日，遍游五指山区域，毫无拘束地闲散了几天。算起来，这也是由南到北，行脚参访半年多，最是难得的清淡自在之游。

　　四天后，梦云循竹东原路，北向新竹市，沿途从未耽搁，不日即已抵达市区；不过，他一向对城市的寺院没有好感，仅作川流似的礼貌行为，匆匆转进青草湖灵隐寺，立意参访这座古刹。

　　灵隐寺的建设，式样近似福建省的鼓山，略具丛林模样，塔堂兼备，占地颇广；是寺唯一美中不足的是纠葛不断，有僧俗之争，有同门之争，所以很难兴旺，更难留住寺众，寺内尚存老弱僧尼，除了念诵之外，其他都很陌生；可谓古刹之叹，三宝已趋殁落阶段，但愿有力之士，发心丕振，再开祖德之风，则教法具幸了。

　　梦云游罢灵隐，复往一同寺，然后在印顺法师的福严精舍打了一个转，便匆匆取道继续北上。

　　当天黄昏，来到杨梅镇，经人指引，找到了回善寺。寺貌古朴，有点福建漳州的建筑，规模虽然不怎么宏伟，却极富宗教气息。寺前宽敞，古树荫翳，挺有清凉之感。

　　梦云进到寺中客堂，有人仙寺具戒的心妙法师出迎，他是该寺的住持和尚。宾主坐定之后，心妙和尚把回善寺的概况，作了一番介绍，尤其是正在兴建中的纳骨堂，以及计划中的药师殿、赡养堂、延寿堂等工程。愿心令人赞佩，称得上是发心行者。

　　是夜，二人谈了很多，他对观音山凌云寺的志净老和尚推崇备至；探询之下，原来志老是他的剃度师，玄妙法师与他情同手足，可惜不是要好的法侣；他之所以来此落脚，多少有点关联。

　　第二天清晨，梦云告假离寺，心念中，载着许多的感慨，续往北向前行。行程中，迎着仲春的盎然生意，苗壮的绿、湛雅的蓝、姹嫣的红、朴实的淡，展现出世人恼、俗人烦、行者警觉的自然声色。

　　人，原本就在声色中讨生活，凭借自己的耳濡目染，确定情感反应。是非对错，善恶美丑，分别于循环相对的意识之中。因此，多少无明烦恼，多少爱恨怨尤，像磁与铁，一触即着，难分难解；尤其，更有多少无奈，几乎不能自主，由是哀苦终生。难怪人到老了，总会想起许多憾事，有意无意地流露出轻微唱叹，使人感到人世的沧桑，无常迅速，不禁悚然惊吓，惶惶不安！

然而，人生如是，为何待到老来感叹，却不肯少年承当，及时醒悟？这就是佛法中特别提出研究的问题。诸如：

> 人身难得今已得　佛法难闻今已闻
> 此身不向今生度　更待何时度此身

复如：

> 繁露洗尘埃　春雨润世纪
> 生住大块中　逐物寻自己
> 迁流情不禁　声色定事理
> 今朝不悟道　明日何所期

苦呀！为什么？

乐呀！有多少？

想想：何者不是计较！

梦云走在路上，思绪如潮——

阳春的晌午，行路上难免有点溽暑之感，梦云的衣服已经湿透，幸亏中坜在望，可以找间寺院赶斋歇脚。

中坜地属桃园县，有月眉山圆光寺颇具名气。其开山和尚妙果法师，是为台湾地区教内尊宿。曾经于大陆遍访知识，参学丛林，算得上是位曾行万里路的行者；尤其是台岛声望，知名度极其响亮，几乎遍及全省。据说，月眉山圆光寺的创立，有檀樾邱阿兴伉俪，是妙果法师的金刚伽蓝；捐地逾十甲，献银逾万元，布施之心，难能可贵。

提及妙果法师，与梦云曾相遇天岳，曾有一面之缘；而且，那次的会晤，颇为深刻，印象新鲜。

记得那是梦云驻锡天岳，出任方丈和尚之时，算起来应该是十九年前（今时一九六二年仲春）的事。春水泛滥，冰雪匿迹，湿气仍带寒冷，天候却趋温和，而载负森罗万有的世界，相继地活跃起来了，有形无形地蠕动着；在组合着一个个不同的循环，展现出生住异灭，或者是成住坏空的多元化现象。

春，尤其是仲春，总归都是青翠的活跃，拥有绝对的生气！

天岳山梵音寺隐匿在无际的绿色中，来往的云水僧随着时节也开始流动了。

这天，方丈寮的衣钵侍者性空比丘，掀起竹帘子步入内客堂，向梦云合十问讯，然后言道："有位来自台湾的比丘，坚持要求见大和尚！"

梦云轻声应了一个"好"字，性空比丘朝门外召唤道："进来吧！"

"阿弥陀佛！"语音落后，内客堂出现了一个比丘，稍嫌瘦高的个儿，约近中年，见到梦云，即行五体投地大礼，恭恭敬敬地叩了三个头，然后合十胡跪，颤声言道："向方丈和尚求忏悔！"梦云有些莫名所以，侧首问性空比丘："怎么回事？"

性空比丘合十恭敬回答：

"对方丈和尚大不敬，是性空指点他这么做的。"

梦云听了，仍不知何事，先示意面前胡跪的比丘站起来，然后要性空比丘叙述原由。

原来求见者是慕天岳山之名而来，顺便参访方丈和尚；然而，当他进到侍者寮，误认性空比丘为方丈，性空咄之，掀起内客堂的门帘，指点方丈面目。可是，当他窥见盘坐堂上的方丈，不过是个未及而立之年的小伙子，立即生起骄慢心，并说：

"方丈那么年轻，大概是乃师传座的吧！"

性空是衣钵侍者，年逾六十，是湘阴法华寺的退居。来天岳山做侍者，完全是发心任职，祈愿于生活的接触中学取法益。当然，以他三十多年的僧伽生涯，无论是见闻经验，应该不是盲目行事的鲁莽比丘，也就是说，如果天岳山的年轻方丈毫无德养，他不会降格求教，发心劳务的。试想，当他眼见参访者言行骄慢时，打心底会生起如何的意念？于是，他把参访者引至侍者寮，以责备的口吻言道：

"堂上无德，某甲有德？虽然痴长六十又三，也曾住持法华；如今承蒙方丈和尚慈悲，掌管衣钵重责，虽然不敢妄言行止有度，事理无碍，法乐融融，只少上启般若，中修向上，下持五大部。某甲住山，发心劳务，又是所为何来？难不成是登山等死，但求方丈说几句封棺法语的么？"

参访比丘闻言，顿生惶恐，面显愧色，倏地胡跪尘埃，顶礼求忏。性空见了，心念慈悲，便将这位名号妙果的比丘，引来方丈寮；于法缘中求取造化，不至空手而还。

当梦云听完经过，示意妙果比丘坐下，并嘱性空侍者奉茶；良久，提出了第一句话，指向面前访客：

"达摩渡海来华，留下祖师西来意；座下海陆尘劳，可有向上言句？"

妙果闻言，蓦然起身离座，合十当胸，又要顶礼膜拜了。梦云连忙抬手阻止，嘱彼坐下答话。然而，妙果极不自在，嘴里道出一句"请大和尚开示"之语，亦是断续颤抖；梦云只好放低语音，先予安抚，然后说道："识得祖师意？"

"不识。"他支吾着。

"遗下的是无门？抑或是无相？"再问。

"不知道。"他低声回答。

"一个无字，在你的心念中，可曾量出了尺寸？"梦云仍不放松。

"惭愧。"他的情绪渐趋稳定。

"如何是你的敲门砖子？"梦云探询。

"惭愧。"他稍作思考。

"洞庭一叶帆，你见过没有？"梦云追问。

"不懂其中玄妙。"他终于说话了。

"你不是妙果么？"梦云仍不放松。"奇玄也无，何生妙果！"他坦然了。

"奇玄不是祖意！"梦云拨斥。

"请示祖意如何？"他诘问。

"只在此山中！"梦云肯定地说。

"……"他仍想启齿。

性空见状，趋近妙果，朗声言道。"好啦！和尚慈悲，还不礼谢！"妙果似乎有些茫然，但身不由己，听从性空之言，顶礼称谢，随着性空离开了方丈寮。

后来，听说妙果法师第二天一早就下山，继续参学去了。

事隔十九年，时潮诸多变化。孰知，十九年后，梦云萍飘海岛，有缘往访参学行者，不知会晤之后，将是什么情景？那稍嫌瘦高的身影，如今是何模样？！

中坜到了，梦云经人指引，找到了圆光寺，可惜没有见到妙果法师，听说因病往大湖法云寺休养去了，泫然，机缘不合，失此时刻，于一九六三年他则撒手西去，竟然给梦云留下永远的遗憾！

这，大概就是"缘境如是"，非人的心念可以把握得了的道理；展现于极端残酷的现实，给予人们作为老来回忆的素材吧！

怀着惆怅，梦云折返中坜火车站。

驻足站前，他展望前程，大都市行将接近。一贯不喜繁华的他，心念几转，生起了往回走的念头。

台岛行脚，原想参访，数月行程，不免失望，似乎无学可参。既然徒耗草鞋钱，何如回返甲仙刀耕火种，课徒授业，做一个名副其实的山野之僧，岂非上上之策！

一念起，心意决，搭上南下的火车，结束了海隅探玄的里程。